KB167325

_____학교 ____학년 ____반 _____의 책이에요.

전 세계가 인정한 우리의
세계유산

세계유산이란, '세계유산협약'에 따라 인류 전체를 위해 보호해야 할 가치가 있다고 인정되는 세계 여러 나라의 유산 가운데 유네스코에 등록된 유산을 말해요.

최근 전 세계적으로 자연재해나 전쟁 등으로 파괴될 위기에 처한 인류의 유산이 늘어나고 있어요. 이를 미리 방지하고 보호하고자 1978년부터 유네스코의 세계유산위원회에서는 보호해야 할 가치가 있는 유산들을 세계유산으로 지정하고 있답니다.

인류 전체를 위해 보편적인 가치가 있다고 인정하는 유산을 중심으로 지정하다 보니, 각 나라의 문화와 역사를 대표하는 유산인 경우기 많아요. 따라서 각 나라의 세계유산을 알아보는 일은 곧 그 나라의 고유한 문화를 알 수 있는 지름길이지요.

우리나라는 현재 석굴암과 불국사, 해인사 장경판전, 종묘, 창덕궁, 수원 화성, 경주역사유적지구, 고창 · 화순 · 강화 고인돌유적, 제주 화산섬과 용암동굴, 조선왕릉, 한국의 역사마을 : 하회와 양동, 남한산성, 백제역사유적지구와 산사 한국의 산지승원, 한국의 서원이 등재되어 있답니다. 그리고 세계기록유산으로는 훈민정음, 조선왕조실록, 직지심체요절, 승정원일기, 조선왕조의 의궤, 고려해인사 대장경판 및 제경판, 동의보감, 일성록, 5.18민주화운동 기록물, 난중일기, 새마을운동 기록물, 한국의 유교책판, KBS특별생방송 '이산가족을 찾습니다' 기록물, 조선왕실 어보와 어책, 국채보상운동 기록물, 조선통신사 기록물이 등재되었어요.

또한 인류무형문화유산으로는 종묘제례 및 종묘제례악, 판소리, 강릉단오제, 강강술래, 남사당놀이, 영산재, 제주칠머리당 영등굿, 처용무, 가곡, 대목장, 매사냥, 줄타기, 택견, 한산모시짜기, 아리랑, 김장문화, 농악, 줄다리기, 제주해녀문화가 있답니다.

이 책에서는 우리나라의 세계유산 중 하나인 '훈민정음'에 대해 알아볼 거예요.

세계문화유산

종묘

수원화성

창덕궁

고창 · 화순 · 강화의 고인돌유적

석굴암과 불국사

해인사 장경판전

경주역사유적지구

백제역사유적지구

세계기록유산

조선왕조실록

승정원일기

직지심체요절

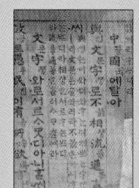
훈민정음

조선왕조 의궤

해인사 고려대장경판과 제경판

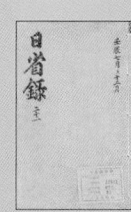
동의보감

일성록

세계무형유산

종묘제례와 제례악

판소리

강릉단오제

세계자연유산

제주도 화산섬과 용암동굴

신나는 교과 체험학습 ㉑

세계가 놀라는 우리의 글자 훈민정음

초판 1쇄 발행 | 2007. 9. 27.
개정 3판 5쇄 발행 | 2023. 11. 10.

글 한문희 | **그림** 김경옥

발행처 김영사 | **발행인** 고세규
등록번호 제 406-2003-036호 | **등록일자** 1979. 5. 17.
주소 경기도 파주시 문발로 197(우10881)
전화 마케팅부 031-955-3100 | 편집부 031-955-3113~20 | 팩스 031-955-3111

ⓒ 한문희, 2007

값은 표지에 있습니다.
ISBN 978-89-349-8538-9 64000
ISBN 978-89-349-8306-4 (세트)

좋은 독자가 좋은 책을 만듭니다. 김영사는 독자 여러분의 의견에 항상 귀 기울이고 있습니다.
전자우편 book@gimmyoung.com | 홈페이지 www.gimmyoungjr.com

어린이제품 안전특별법에 의한 표시사항

제품명 도서 제조년월일 2023년 11월 10일 제조사명 김영사 주소 10881 경기도 파주시 문발로 197
전화번호 031-955-3100 제조국명 대한민국 ⚠주의 책 모서리에 찍히거나 책장에 베이지 않게 조심하세요.

세계가 놀라는 우리의 글자

훈민정음

글 한문희　그림 김경옥

주니어김영사

훈민정음을 찾아 여행을 떠나요!

코스 1 세종대왕박물관

한글실, 과학실, 국악실로 구성되어 있는 세종대왕박물관에서는 세종대왕의 일대기와 함께 업적까지 분야별로 살펴볼 수 있어요. 기념관 뜰에는 각종 석물과 수표, 그리고 세종대왕 때의 해시계, 물시계 등이 복원되어 있어요. 세종대왕의 업적을 두루 살펴보기 좋은 곳이에요.

가는 방법 지하철을 이용하면 6호선 고려대역 3번 출구나 1호선 청량리역 2번 출구로
나가 걸어가요. 버스를 이용하면 1215번, 1219번 버스를 타고 세종대왕박물관 정류장에서
내려요.

관람 시간 여름철(3월~10월) 오전 9시~오후6시, 겨울철(11월~2월) 오전9시~오후5시 30분
(매주 월요일, 1월1일, 설날, 한가위 하루는 휴관)

관람 요금 어른은 3,000원, 청소년(유아포함)은 1,500원이에요.

홈페이지 http://www.sejongkorea.org

세종대왕박물관

세종대왕박물관 한글실

코스 2 국립국어원

국립국어원 1층에는 한글의 역사와 발전을 살펴볼 수 있는 전시관이 있어요.
한글의 역사와 오늘날의 상황을 한눈에 살펴볼 수 있어요.

가는 방법 지하철을 이용하면 5호선 방화역 2번 출구로 나가 걸어가요.
672번, 651번, 6629번 버스를 타고 방화3동 사무소 정류장에서 내려요.

홈페이지 http://www.korean.go.kr

국립국어원

코스 3   국립한글박물관

국립한글박물관은 한글이 걸어온 길을 한눈에 볼 수 있는 박물관이에요. 처음 창제 당시 한글의 모습과, 한글 연구 결과, 한글 교육 자료 등 앞으로 한글의 발전 가능성까지 다양하게 살펴볼 수 있어요.

가는 방법	지하철 이촌역 2번 출구 왼쪽 방향 '박물관 나들길'이나 용산가족공원 방면으로 걸어가면 나와요. 버스는 400번, 502번을 타고 '국립중앙박물관', '용산가족공원' 정류장에서 내려요.
관람 시간	월~일요일 : 오전 10시~오후 6시 법정 공휴일은 휴관이에요.(한글날 제외)
관람 요금	무료
홈페이지	http://www.hangeul.go.kr

코스 4   인터넷 여행 디지털 한글박물관

여러 군데에 흩어져 있는 한글문화 유산을 수집 · 정리하여 이를 디지털 자료로 만들어 전시하고 있어요. 역사관, 조형 예술관, 학술 정보관, 교육 문예관, 미래관, 한글 생활관으로 구성되어 있어요. 한글을 세계적으로 보급하기 위해 노력하고 있답니다.

홈페이지	http://www.archives.hangeul.go.kr

디지털 한글박물관

차례

훈민정음의 탄생

 우리 나라 글자를 가리키는 '훈민정음'이라는 말에는 두 가지 뜻이 담겨 있어요. 하나는 1443년에 세종대왕이 만든 새 글자의 이름이고, 다른 하나는 그로부터 3년 뒤 1446년 반포*할 때 같이 펴낸 해설서인 《훈민정음》이라는 책의 제목이에요. 이 《훈민정음》 해설서에는 새로 만든 글자가 어떤 글자들인지, 글자를 어떻게 만들었는지, 그리고 풀이(해)와 용례(례) 등이 자세하게 기록되어 있어요. 그래서 해설서를 가리킬 때에는 '훈민정음 해례본' 또는 '훈민정음 원본'이라고 구분하여 부른답니다. 《훈민정음》은 세계기록유산으로 지정된 자랑스러운 우리의 유산이에요. 그럼, 훈민정음이 어떻게 태어났는지 함께 알아볼까요?

* 반포 : 세상에 널리 퍼뜨려 모두 알게 한다는 뜻이에요.

세계기록유산이란?

유엔(UN) 산하 유네스코(UNESCO)에서는 1997년부터 세계적으로 보존할 만큼 뛰어난 기록유산으로 인정되는 기록물을 세계기록유산으로 등록하여 전 세계인의 문화유산으로 관리하는 일을 실시해 오고 있어요. 우리 나라 기록유산 중에는 《훈민정음》과 《조선왕조실록》이 1997년 처음으로 세계기록유산으로 등록되었고, 그 뒤 2001년에는 《승정원일기》와 《직지심체요절》이, 2007년에는 《해인사 고려대장경판과 제경판》과 《조선왕실의궤》, 《화성성역의궤》, 2009년에 《동의보감》, 2011년에 《일성록》, 《5.18》이 각각 세계기록유산으로 지정되었답니다.

훈민정음 이전에 썼던 글자는?

사람들은 왜 글자를 만들게 되었을까요? 역사에서는 문자를 기준으로, 크게 문자가 없던 시대(무문자 시대)와 문자를 쓰기 시작한 이후의 시대(문자 시대)로 구분해요. 문자가 없던 시대에는 사람들이 아는 것을 모두 기억해야 하기 때문에 불편한 점이 많았겠지요. 그래서 사람들은 그림을 그려서 남기거나 특별한 표시를 남기는 방법을 아주 오랫동안 써 왔어요. 여러분이 잘 아는 원시 동굴의 동물 그림이나 우리 나라 각지에서 발견되는 바위그림들이 이에 해당하지요. 따라서 이들 그림도 크게 보면 그림 문자라고 할 수 있답니다.

이러한 그림 문자들이 점차 발전하여 의사소통 수단으로 자리잡아 가는데, 한자나 알파벳도 처음에는 그림의 형태였어요. 한자의 산(山)이나 천(川), 알파벳의 에이(A) 등은 구체적인 모양을 본떠서 문자를 만든 거예요. 그러다가 점차 문자로서 말을 적기

돌발 퀴즈 ㄱ의 정체를 밝혀라!

ㄱ의 이름은 (①)이며, 자음 14자 중 첫 번째 글자예요. 혀의 뒤가 목젖에 붙어 있는 모양을 본떠 만든 글자이므로 뒤혓소리, 또는 (②)라고 불러요. 23쪽, 39쪽을 참고하여 빈 칸을 채워 보세요.

① _____ ② _____

☞ 정답은 56쪽에

울산 반구대 암각화
반구대는 거북이 납작 엎드린 모양의 바위란 뜻으로, 높이 약 70미터, 너비 약 20미터에 이르는 바위 절벽이에요. 이 바위에는 고래잡이를 비롯해 여러 가지 동물과 사냥 장면이 그려져 있어요. 무문자 시대 사람들은 그림을 그리며 사냥이 잘 되기를 기원했을 뿐만 아니라, 바위그림으로 사냥하는 방법을 가르쳤어요.

위한 소리(음), 나타내야 할 뜻(훈), 서로가 알 수 있는 특정한 꼴(형)이 일정한 기호 로 짜임새 있게 만들어진 뒤 자리를 잡아 지금에 이르고 있지요.

川(내 천)자는 둑과 둑 사이에 흐르는 물줄기를 본떠 만들었어요.

알파벳 A는 소의 머리 모양을 본떠 만들었어요.

우리에게는 처음에 우리말을 적을 수 있는 우리 글자가 없었어요. 그래서 중국의 한자를 들여와 우리말을 적었지요. 정확히 언제인지는 알려져 있지 않지만, 대략 삼국 시대 이전으로 짐작한답니다. 그러나 중국말을 적는 한자는 중국말에는 알맞을지 몰라도 말의 사용법이 다른 우리말을 적기에는 아주 불편한 점이 많았어요. 그래서 우리 선조들은 향찰, 이두, 구결 등 한자로 우리말을 표기할 수 있는 방법들을 생각해 내어 쓰기 시작했어요.

향찰은 우리말의 '~을'을 한자 乙(을)로, '~하고'를 爲古(하고)라고 적는 것처럼 한자의 음이나 뜻을 빌려 우리말을 적는 방법의 한 가지인데, 향가를 적을 때 주로 썼어요. 〈처용가〉, 〈서동요〉, 〈헌화가〉 등이 바로 향가이지요.

향가
백성들 사이에서 널리 불리던 우리 나라 고유의 시가 형식으로서 삼국 시대 말부터 고려 초기까지 불렸어요.

우리말과 중국말은 어떻게 다를까?

'나는 사과를 좋아해.'라는 말을 중국말로는 'wō xǐhuan píngguǒ(워 시환 핑구워)'라고 해요. 같은 뜻이지만 전혀 다른 소리로 말하지요. 그리고 이를 한자로 적으면 '我喜欢苹果'예요. 한자는 하나하나의 글자가 소리와 상관없이 일정한 뜻을 나타내요. '나'자를 쓰기 위해서는 '나'의 뜻을 지닌 한자 '我(아)'자를 써야 하지요. 또 우리말과 중국말은 말하는 순서도 달라요.

나는 사과를 좋아해.
我喜欢苹果

우리말과 중국말은 이렇게 다른 점이 많지만, 우리글이 만들어지기까지 한자를 빌려 쓸 수밖에 없었답니다.

이두도 향찰처럼 한자의 음이나 뜻을 빌려 우리말을 적는 방법으로, 신라 때 설총이 만든 것으로 알려져 있어요. 이두로 우리말을 적는 방법은 조선 후기까지 가장 오랫동안 쓰였지만, 이 방법도 처음부터 일정한 규칙이나 방법에 따른 것이 아니어서 글자 사용의 혼란만 더할 뿐이었어요.

구결은 한자로 된 불경에 우리말로 토를 다는 데 주로 사용했는데, 한자의 몇몇 글자를 가져다가 "~하니, ~하고, ~하므로" 등 우리말의 조사를 적는 방법이에요.

그러나 이러한 방법들도 우리말을 온전히 표기하기에는 알맞지 못했어요. 그럼에도 우리말에 맞는 글자가 없었기 때문에 오랫동안 이러한 불편을 감수할 수밖에 없었답니다.

여기서 잠깐!

향가를 읽어 보자!

《삼국유사》는 고려 충렬왕 때 보각국사 일연이 지은 역사서예요. 《삼국사기》와 더불어 우리 나라 고대 역사를 살펴볼 수 있는 중요한 책이랍니다. 《삼국유사》에는 14수의 향가가 실려 있어요. 그 중 향찰로 쓰인 향가 〈서동요〉를 살펴볼까요? 그런데 세 글자가 사라지고 없네요. 보기에서 알맞은 글자를 찾아 적어 보세요.

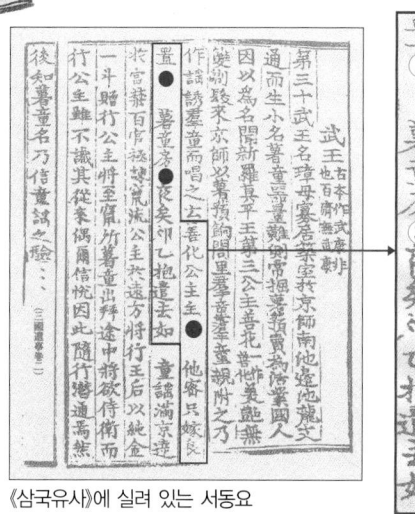

《삼국유사》에 실려 있는 서동요

① _____   ② _____

③ _____

| 보기 | 隱(숨을 은), 乙(새 을), 古(예 고) |

도움말 세 글자 모두 한자의 음을 빌려 썼어요. 무왕과 선화공주의 사랑 이야기를 참고하세요.

정답은 56쪽에

백성을 가르치는 바른 소리

우리글이 없어서 가장 많은 어려움을 겪는 사람은 바로 백성들이었어요. 한자를 모르는 백성들은 관리가 되는 시험을 볼 수 없었고, 돈을 벌거나 살아가는 데 필요한 여러 가지 문서를 쓰거나 읽을 수 없었어요. 재미있는 이야기책도 읽을 수 없었지요. 특히 자신의 생각이나 의견을 글로 표현할 수 없어 억울한 누명을 쓰고도 죄가 없다는 것을 밝혀 낼 수 없었어요.

조선의 제4대 임금인 세종대왕은 이런 백성들이 매우 불쌍하고 안타까웠어요. 백성들이 글을 익혀야 책을 읽고 성품을 아름답게 만들 수 있고, 필요한 지식을 쌓아 더 잘 살 수 있다고 생각했어요. 백성들이 잘 살

돌발 퀴즈 ㄴ의 정체를 밝혀라!

ㄴ의 이름은 (①)이며, 자음 14자 중 두 번째 글자예요. 혀의 끝이 잇몸에 닿은 모양을 본떠 만든 글자이므로 앞혓소리, 또는 (②)라고 불러요. 23쪽, 39쪽을 참고하여 빈 칸을 채워 보세요.

① _____ ② _____

☞정답은 56쪽에

누명을 쓰고 감옥에 들어온 백성들은 관리에게 억울함을 이야기하지만, 자신의 이야기를 기록한 조서를 읽지 못해 내용이 바르게 쓰였는지 확인할 수 없었어요. 그래서 누명을 벗지 못하고 죄를 뒤집어쓰는 경우가 많았지요. 세종대왕은 백성들의 이러한 어려움을 해결하기 위해 몰래 감옥을 찾아 백성과 대화를 나누고 형량을 조정했어요.

아야 나라도 발전하고, 백성들이 문화를 누릴 줄 알아야 조선이 문화 국가가 된다고 믿었던 것이지요.

세종대왕은 왕실 학문연구 기관인 집현전의 뛰어난 학사들, 맏아들(뒤의 문종 임금), 둘째 아들(뒤의 세조 임금), 딸 정의공주 등과 함께 은밀하고 끈기 있게 새 글자 만드는 일에 힘을 기울였어요. 세종대왕은 병을 얻어 온천에 치료하러 갈 때에도 새 글자 만드는 일만큼은 직접 연구 자료를 챙겨 가서 연구를 게을리 하지 않았어요. 또 명나라의 학자에게 자문을 듣기 위하여 집현전 학사들을 열세 차례나 중국에 다녀오게 했지요.

그러나 당시의 많은 유학자나 벼슬아치들은 새 글자 만드는 일을 크게 반대했어요. 양반들은 백성들이 글을 익혀 지식과 지혜를 갖게 되면 다스리기 힘들다고

새로운 문자를 만드는 것은 옳지 않습니다. 무지한 백성들이 글을 알게 되면 그것을 이용하여 법을 농간하고 사회를 혼란에 빠뜨릴까 크게 염려되옵니다.

가난과 굶주림에 시달리는 백성들에게 한자는 배우기 힘든 글이오. 백성들의 눈과 귀를 막아 죄를 범하도록 하는 것이 옳다고 생각하시오? 백성들이 자기 생각을 표현하고 스스로 억울함을 알릴 수 있도록 하는 것이 백성들을 진정으로 위하는 일이며, 나라를 발전시키는 것이오.

최만리

세종 대왕

생각했지요. 특히 최만리 등은 새 글자를 만들면 우리 나라가 오랑캐 나라가 될 것이고, 중국과 멀어지게 된다는 등의 이유를 들어 거듭 상소를 올려 강력하게 반대했어요.

그렇지만 세종대왕은 새 글자 만드는 일을 과감하게 밀고 나아가 마침내 1443년에 새 글자, 28글자를 만들었어요. 이 글자가 바로 '훈민정음(訓民正音)', 곧 '백성을 가르치는(訓民) 바른 소리(正音)'랍니다.

세종대왕은 훈민정음을 창제하고 바로 보급하지 않았어요. 실제로 활용하는 데 문제가 없는지 3년 동안 꼼꼼히 살펴본 뒤, 1446년에 훈민정음을 해설한 《훈민정음》이라는 책과 함께 반포했답니다. 그래서 훈민정음은 1443년에 창제되었지만, 세상에 널리 퍼뜨려 모두 알게 된 때는 1446년이에요.

돌발퀴즈 ㄷ의 정체를 밝혀라!

ㄷ의 이름은 (①)이며, 자음 14자 중 세 번째 글자예요. 기본 자음 (②)에 획을 더해 만들었어요. 24쪽, 39쪽을 참고하여 빈 칸을 채워 보세요.

① _____ ② _____
☞정답은 56쪽에

상소
임금에게 나라를 다스릴 때 도움이 되라고 글을 올리는 일을 말해요.

여기서 잠깐! 훈민정음을 창제하다!

세종대왕이 훈민정음을 창제하고 반포한 일은 《세종장헌대왕실록》에 기록되어 있어요. 세종 28년(1446년, 갑오년) 9월 29일의 네 번째 기사가 바로 훈민정음 반포에 대한 기사이지요. 이 기사에는 세종대왕과 정인지가 훈민정음에 대해 적은 글이 실려 있어요. 빈 칸을 채워 정인지의 서문 가운데 한 문장을 우리말로 완성해 보세요.

① (癸亥)년 겨울(冬)에 우리 전하(殿下)께서 바른 소리(正音) ② (二十八)자를 처음으로 만들어 용례와 뜻(例義)을 간략하게 들어 보이고 명칭을 '③ (訓民正音)'이라 하였다.

① _____ ② _____ ③ _____

도움말 癸亥(계해)는 년도를 나타내는 말이에요. 갑오년의 3년 전이지요. 갑오년은 1446년이니까, 계해년은 1443년이랍니다.

《세종장헌대왕실록》의 훈민정음 창제 기사

☞정답은 56쪽에

백성과 함께 나라의 기반을 닦다

세종대왕은 나라를 튼튼히 하고 백성들의 삶을 안정시키기 위해 많은 노력을 했어요. 세계 최초로 측우기를 만들어 사용하고, 해시계와 물시계를 발명했지요. 농사법을 발전시켰으며, 우리 나라 약재를 개발하고 형벌 제도와 세금 제도를 고치는 등 많은 일을 했답니다.

세종대왕이 임금이 되고 가장 먼저 한 일은 당시 우리 나라의 큰 근심거리였던 왜구를 토벌한 일이었어요. 또 국토를 넓히고 국방을 튼튼히 했지요. 이 때 '신기전(로켓 추진 화살)', '비격진천뢰(포탄의 일종)', 각종 총통을 개발하여 싸움에서 큰 성과를 올렸어요.

이어서 풍속을 바로잡는 일에 힘을 기울였어요. 임금으로서 스스로 모범을 보여 근검절약했고, 백성이 바른 길로 나아갈 수 있도록 각종 법전을 정리했어요. 그리고 충신, 효자, 열녀의 행실을 모아 《삼강행실도》라는 책을 펴내어 백성들이 본받도록 힘쓰고, 행실이 바른 사람에게는 상을 주었어요. 백성과 나라를 위한 일에 마음을 기울였답니다.

《삼강행실도》
1432년에 세종의 명으로 펴낸 책이에요. 중국과 우리 나라의 책에 기록된 효자 · 충신 · 열녀들의 모범이 될 만한 이야기를 글과 그림으로 엮었어요.

세종대왕은 역사를 바로 세우는 일에도 힘써 《고려사》라는 역사책을 편찬했고, 단군의 사적을 밝혀 내고 이를 기념하는 일에도 노력을 기울였답니다. 나라의 여러 가지 의례를 정비하여 《오례의》를 편찬했으며, 세계 최초의 계량 악보인 '정간보*'를 지어 내고 각종 악기를 만들었어요.

그러나 세종대왕이 무엇보다도 힘을 기울인 것은 백성들의 생활을 안정시키는 일이었어요. '전제상정소'

라는 기관을 두어 세금을 합리적으로 매기게 하고, 《농사직설》*을 펴내서 백성들이 편안하게 농사에 힘쓸 수 있게 했어요. 또 외국에서 물레방아 만드는 방법을 들여와 과학적으로 농사를 짓게 했지요.

세종대왕은 천문 기상 분야에서도 뛰어난 업적을 쌓았어요. 농사를 잘 짓기 위해서는 천문 기상을 측정하는 것이 매우 중요한 일이므로, 여러 가지 천문 관측 기구를 만들었답니다. '자격루'라는 물시계, '앙부일구'라는 해시계를 만들어 백성들이 정확한 시간과 절기를 알아 농사의 때를 놓치지 않도록 했어요. 특히 강우량을 측정하기 위해 세종 때 만든 '측우기'

서운관도
서운관은 고려와 조선 시대에 천문, 역법을 맡아 보던 관아예요. 세종대왕이 세자(문종)와 함께 북극성을 관찰하고 있어요.

는 세계 최초로 만든 것이에요.

또 의약 분야에서는 우리 나라에서 나는 약재를 연구하여 중국에서 약재를 수입하는 것을 줄이고 국산 약재를 널리 보급했어요. 우리 나라 약재를 집대성한 《향약집성방》, 처방법을 분류한 《의방류취》라는 책을 펴내어 후대 한의학 발전에 큰 공헌을 했지요.

세종대왕의 모든 업적은 백성을 진정으로 아끼는 마음에서 나온 것이에요. 세종대왕은 양반보다 백성이 잘 사는 길을 늘 고민했어요. 나라의 중심은 백성이라고 생각하고 백성과 함께 나라의 기반을 닦아 나간 것이랍니다.

家傳忠孝
世守仁敬

세종대왕 글씨
가전충효 세수인경. "집안에서는 충과 효로써 전수하고, 세상에 나아가 어짊과 공경함으로 처신한다."라는 뜻이에요.

* 정간보 : 소리의 길이와 높이를 정확히 표시하기 위하여 만든 악보예요.
* 《농사직설》: 조선 전기 농사에 관한 기술을 해설해 놓은 최고의 농사 해설책이에요. 세종 때 정초, 변효문 등이 만들었어요.

훈민정음 펼쳐보기

《훈민정음》은 한동안 세상에서 사라졌다가 1940년 경상북도 안동에 사는 이한걸 집에서 다시 발견되었는데, 발견 당시 표지와 첫 장이 떨어져 나간 상태였어요. 그 뒤 이를 손질하며 고쳐서 현재에 이르고 있어요.

《훈민정음 해례본》에는 세종대왕이 쓴 서문, 새로 만든 28글자, 글자를 만든 원리, 그리고 새 글자의 풀이와 사용하는 용례, 정인지의 서문이 실려 있어요. 따라서 우리 글자를 아는 데 가장 중요한 책일 뿐만 아니라 글자의 창제 과정을 밝혀 놓은 세계적으로도 매우 귀중한 책이랍니다.

이 책이 발견되기 전까지 한글의 원리에 대하여 많은 추측이 있었어요. 중국의 한자를 모방했다거나, 몽골의 산스크리트 어를 모방했다거나, 심지어 창살의 네모난 격자무늬와 문고리의 둥근 모양을 보고 만들었다는 등 잘못된 설들이 많았지요. 그러나 《훈민정음 해례본》이 발견되면서 한글의 독창적인 원리가 자세하게 밝혀져서 그 우수성과 슬기로움이 분명하게 드러났답니다.

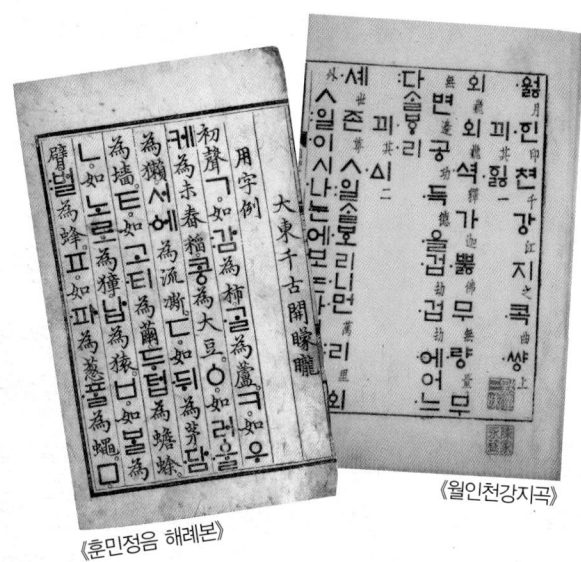

《훈민정음 해례본》

《월인천강지곡》

훈민정음을 만든 뜻은?

세종대왕이 몸소 만든 《훈민정음 해례본》의 서문에는 훈민정음을 만든 까닭이 분명하게 적혀 있어요. 이를 현대말로 풀이하여 옮기면 아래와 같아요.

"우리 나라 말이 중국말과 달라서 한자와는 그 뜻이 서로 통하지 아니하므로 제대로 나타낼 수 없다. 따라서 우리 백성들이 말하고자 하는 것이 있어도 자기의 뜻을 글로 써서 나타내지 못하는 이가 많으니라. 내가 이를 딱하게 여겨 새로 스물여덟 글자를 만들어 내놓으니, 모든 사람들이 이것을 쉽게 익혀서 날마다 쓰는 데 불편함이 없도록 하고자 할 따름이니라."

– 훈민정음 서문 말풀이

돌발퀴즈 ㄹ의 정체를 밝혀라!

ㄹ의 이름은 (①)이며, 자음 14자 중 네 번째 글자예요. ㄹ은 (②)라는 책에서부터 네 번째 글자가 되었어요. 38쪽, 39쪽을 참고하여 빈 칸을 채워 보세요.

① _____ ② _____

☞ 정답은 56쪽에

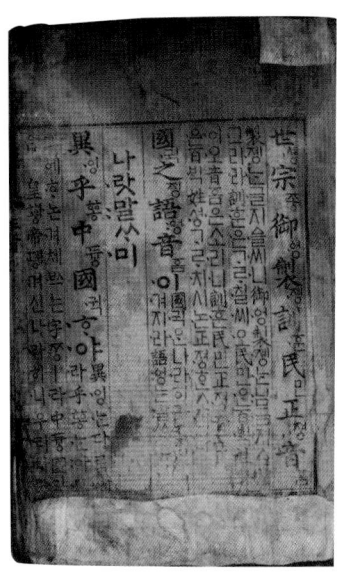
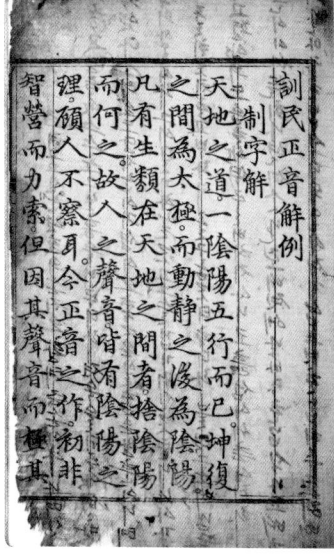

《훈민정음 언해본》과 《훈민정음 해례본》
《훈민정음 언해본》은 한자로 써 있는 《훈민정음 해례본》의 본문을 훈민정음으로 적은 책이에요. 이 책에도 훈민정음 서문이 기록되어 있답니다.

이 글에는 훈민정음을 만든 세종대왕의 큰 뜻이 분명하게 드러나 있어요. 이를 크게 세 가지로 구분해서 살펴볼 수 있어요. 첫째는, 우리말이 중국말과 달라서 한자로는 우리말을 정확히 나타낼 수 없다는 거예요. 우리말에 꼭 맞는 우리 글자를 만들어야겠다는 자주정신의 뜻을 분명하게 밝힌 것이지요. 둘째는, 백성들이 어려운 한자를 몰라서 겪는 고통을 덜어 주어야겠다는 생각을 밝힌 것인데, 이는 곧 세종대왕의 애민정신을 나타내는 것이에요. 셋째는, 모든 사람들이 누구나 쉽게 익혀서 생활에 불편 없이 쓸 수 있는 글자를 만들어야겠다는 과학적 실용정신을 밝힌 것이랍니다.

이러한 큰 뜻을 가지고 만든 새 글자이기에 오늘날 우리가 쓰는 한글은 자랑스러운 우리 글자이고, 세계의 여러 문자들 중에서 가장 과학적인 슬기로움을 자랑할 수 있답니다. 세계 어느 나라보다 우리나라의 문맹률이 낮은 것도 이처럼 큰 뜻을 품고 새 글자를 만든 세종대왕이 있었기에 가능한 일이었지요.

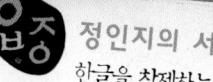

정인지의 서문

한글을 창제하는 데 많은 공을 세운 정인지는 《훈민정음 해례본》 뒷부분에 서문을 적었어요. 서문에는 아래와 같은 글이 적혀 있어요.

"이제는 누구든지 모든 말을 그대로 글씨로 옮겨 쓸 수 있게 되었다. 예컨대 비와 바람소리, 학의 울음소리, 닭의 울음소리, 개 짖는 소리까지도 모두 표현할 수 있게 되었다."

정인지의 서문에 나온 대로 우리글이 생기자 모든 말을 글로 표현할 수 있게 되었어요. 또 좋은 문학 작품을 백성들이 읽을 수 있게 되어 우리 문학이 발전하는 디딤돌이 되었답니다.

자주정신
남의 간섭이나 보호를 받지 않고 자기 스스로 일을 하려는 정신이에요.

애민정신
백성을 사랑하는 정신이에요.

실용정신
실제 쓸모를 중요하게 여기는 정신이에요.

여기서 **잠깐!**

세종대왕이 새로 만든 글자의 수는?

세종대왕은 큰 뜻을 갖고 우리글 훈민정음을 만들었어요.
세종대왕이 새로 만든 글자는 몇 글자일까요?
아래 《훈민정음》 서문에서 찾아 써 보세요.

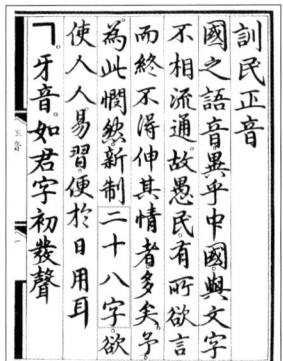

《훈민정음》 서문

(   )

☞정답은 56쪽에

17

새로 만든 28글자는?

《훈민정음 해례본》에는 새로 만든 28글자가 어떤 글자들인지 자세하게 나와 있어요. 이 부분도 세종대왕이 직접 지었어요. 세종대왕이 새로 만든 28글자는 다음과 같아요.

새로 만든 28글자

닿소리(자음)
ㄱ ㅋ ㆁ ㄷ ㅌ ㄴ ㅂ ㅍ ㅁ
ㅈ ㅊ ㅅ ㆆ ㅎ ㅇ ㄹ △

홀소리(모음)
· ㅡ ㅣ ㅗ ㅜ
ㅓ ㅛ ㅑ ㅠ ㅕ

닿소리(자음) 17글자

ㄱㅋㆁㄷ

군(君, 임금 군) 자의 처음 나는 소리와 같다.
나란히 쓰면 뀸(虯, 규룡 규) 자의 처음 나는 소리와 같다.

쾌(快, 즐거울 쾌) 자의 처음 나는 소리와 같다.

업(業, 업 업) 자의 처음 나는 소리와 같다.

두(斗, 말 두) 자의 처음 나는 소리와 같다.

ㅌㄴㅂㅍ

탄(呑, 삼킬 탄) 자의 처음 나는 소리와 같다.

나(那, 어찌 나) 자의 처음 나는 소리와 같다.

별(彆, 활 뒤틀릴 별) 자의 처음 나는 소리와 같다.
나란히 쓰면 뽕(步, 걸음 보) 자의 처음 나는 소리와 같다.

표(漂, 떠다닐 표) 자의 처음 나는 소리와 같다.

이 28글자를 나누어 보면, 자음(닿소리)과 모음(홀소리) 글자로 구분되는데, 홀소리는 모두 11글자로 홀로 소리마디를 이루기 때문에 이를 홀소리, 또는 모음(母音)이라고 해요. 닿소리는 17글자로, 홀로 소리마디를 이루지 못하고 '가', '나'처럼 반드시 모

돌발 퀴즈 ㅁ의 정체를 밝혀라!

ㅁ의 이름은 (①)이며, 자음 14자 중 다섯 번째 글자예요. 입술의 모양을 본떠 만든 글자이므로 (②)라고 불러요. 23쪽, 39쪽을 참고하여 빈 칸을 채워 보세요.

① _____ ② _____

☞정답은 56쪽에

여기서 잠깐!

알맞은 것끼리 짝지어 보세요.

《훈민정음》에는 닿소리 17자를 어떤 한자의 처음 나는 소리로 풀이했어요. 《훈민정음》을 보고 ㄹ, ㅇ, ㆆ, ㅎ, ㅅ이 어떤 한자의 처음 나는 소리인지 맞는 한자와 연결해 보세요.

《훈민정음》복원본 자음 부분

ㄹ •

ㅇ •

ㆆ •

ㅎ •

ㅅ •

• 挹 (뜰 읍)

• 閭 (마을 려)

• 虛 (빌 허)

• 欲 (하고자 할 욕)

• 成 (완성할 성)

☞정답은 56쪽에

ㅁ 미(彌, 두루 미) 자의 처음 나는 소리와 같다.

ㅈ 즉(卽, 곧 즉) 자의 처음 나는 소리와 같다.
나란히 쓰면 쫑(慈, 사랑할 자) 자의 처음 나는 소리와 같다.

ㅊ 침(侵, 침노할 침) 자의 처음 나는 소리와 같다.

ㅅ 수(戍, 수자리 수) 자의 처음 나는 소리와 같다.
나란히 쓰면 쌍(邪, 간사할 사) 자의 처음 나는 소리와 같다.

ㆆ 흡(挹, 뜰 읍) 자의 처음 나는 소리와 같다.

ㅎ 허(虛, 빌 허) 자의 처음 나는 소리와 같다.
나란히 쓰면 홍(洪, 큰물 홍) 자의 처음 나는 소리와 같다.

ㅇ 욕(欲, 하고자 할 욕) 자의 처음 나는 소리와 같다.

ㄹ 려(閭, 마을 려) 자의 처음 나는 소리와 같다.

ㅿ 샹(穰, 짚 양) 자의 처음 나는 소리와 같다.

음(홀소리)과 닿아야 소리마디를 이루기 때문에 닿소리, 또는 자음이라고 부른답니다. 《훈민정음 해례본》에는 이를 아래와 같이 풀이해 놓았어요.

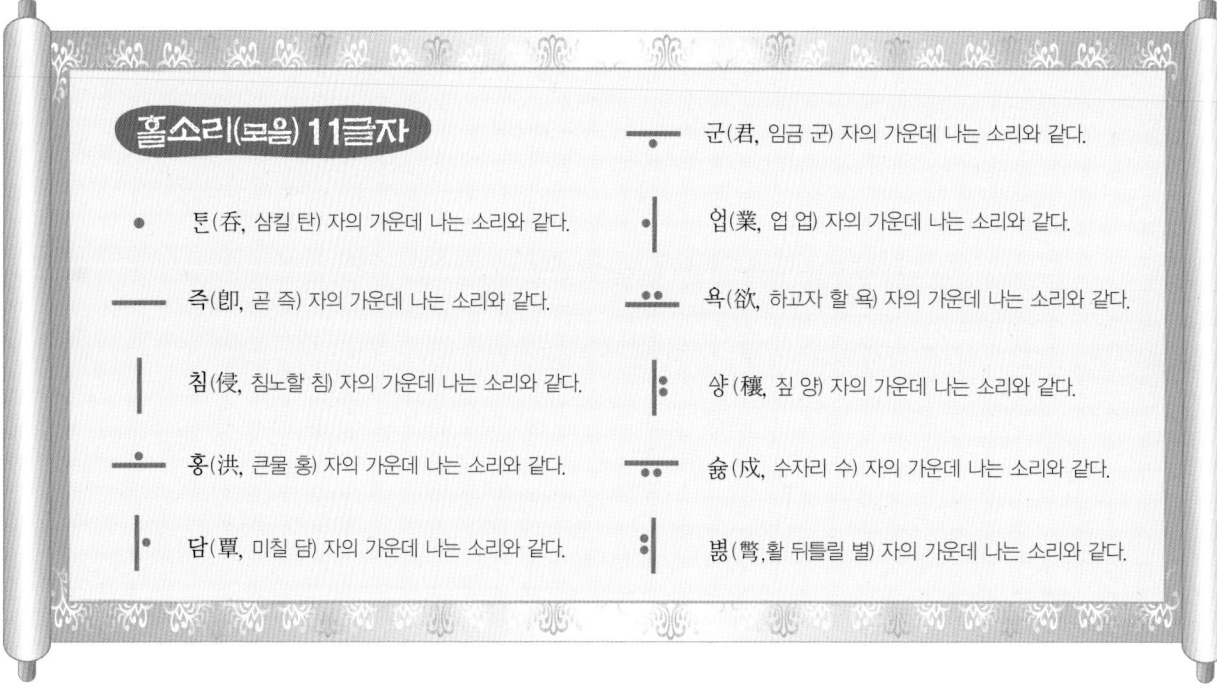

홀소리(모음) 11글자

• 톤(呑, 삼킬 탄) 자의 가운데 나는 소리와 같다.

— 즉(卽, 곧 즉) 자의 가운데 나는 소리와 같다.

| 침(侵, 침노할 침) 자의 가운데 나는 소리와 같다.

⊥ 홍(洪, 큰물 홍) 자의 가운데 나는 소리와 같다.

ㅏ 담(覃, 미칠 담) 자의 가운데 나는 소리와 같다.

ㅜ 군(君, 임금 군) 자의 가운데 나는 소리와 같다.

ㅓ 업(業, 업 업) 자의 가운데 나는 소리와 같다.

ㅛ 욕(欲, 하고자 할 욕) 자의 가운데 나는 소리와 같다.

ㅑ 샹(穰, 짚 양) 자의 가운데 나는 소리와 같다.

ㅠ 슗(戌, 수자리 수) 자의 가운데 나는 소리와 같다.

ㅕ 볗(彆, 활 뒤틀릴 별) 자의 가운데 나는 소리와 같다.

여기서 **잠깐!**

훈민정음의 사라진 글자를 찾아라!

아래 사진은 훈민정음의 모음을 풀이해 놓은 부분이에요.
《훈민정음》에는 모음을 어떤 한자의 가운데 나는 소리로 풀이했어요. 그런데 두 글자가 사라지고 없네요.
위 설명을 참고하여 사라진 두 글자를 찾아보세요.

半齒音如穰字初發聲
如吞字中聲
ㅣ如卽字中聲
ㅏ如侵字中聲
②如洪字中聲
ㅗ如覃字中聲
ㅜ如君字中聲

① _____

② _____

☞ 정답은 56쪽에

《훈민정음》 복원본 모음 부분

28글자는 어떻게 만들었을까?

세종대왕은 새 글자를 만들기 위하여 집현전 학사들과 함께, 당시 세계적으로 가장 앞서 있었던 중국의 언어학 연구 성과를 참조하여 사람의 발성 구조를 과학적인 방법으로 연구했어요. 그래서 글자를 이루는 소리마디를 첫소리(초성), 가운뎃소리(중성), 끝소리(종성)로 나누어 각각 그 발성 구조를 연구한 끝에 훈민정음 28글자를 만들었어요.

한글은 발성 기관의 모양을 바탕으로 글자의 꼴을 만들었기 때문에 'ㄱ'자를 보면 이 글자를 발음하는 발성 기관의 모양과 같아요. 이 때문에 한글은 글자의 발전 단계로 볼 때 뜻글자, 소리글자의 단계를 뛰어넘어 가장 발달한 새로운 단계인 '자질문자' 단계로 평가한답니다. 그럼 세계에서 가장 과학적인 글자 한글을 어떻게 만들었는지 자세히 알아볼까요?

돌발 퀴즈 ㅂ의 정체를 밝혀라!

ㅂ의 이름은 (①)이며, 자음 14자 중 여섯 번째 글자예요. 기본 자음 (②)에 획을 더해 만들었어요. 24쪽, 39쪽을 참고하여 빈칸을 채워 보세요.

① _____   ② _____

☞ 정답은 56쪽에

- 첫소리(초성)글자 : 닿소리(자음)
- 가운뎃(중성)글자 : 홀소리(모음)
- 끝소리(종성)글자 : 닿소리(자음)

발성
목소리를 내는 것이나 그 소리를 말해요.

뜻글자
하나하나의 글자가 음과 상관없이 일정한 뜻을 나타내는 문자를 말해요. 표의문자라고도 해요.

소리글자
말소리를 그대로 기호로 나타낸 문자를 뜻해요. 표음문자라고도 해요.

자질문자
발성 기관의 모양과 소리의 특성을 시각적으로 표현해 만든 문자예요. 뜻글자나 소리글자보다 과학적이고 배우기 쉬워요.

퀴즈 ㅅ의 정체를 밝혀라!

ㅅ의 이름은 (①)이며, 자음 14자 중 일곱 번째 글자예요. 이가 서로 엇갈려 있는 모양을 본떠 만든 글자이므로 (②)라고 불러요. 23쪽, 39쪽을 참고하여 빈 칸을 채워 보세요.

① _____ ② _____

☞ 정답은 56쪽에

📖 어의

궁궐에서 임금이나 왕족의 병을 치료하던 의원이에요.

닿소리 글자를 만든 원리

닿소리 글자를 만들기 위해 세종대왕이 가장 먼저 생각한 것은 소리였어요. 그러나 입에서 나는 소리를 문자로 바꾸는 것은 무척 어려운 일이었지요. 세종대왕은 먼저 해부학을 통해 인체와 소리를 연구했어요. 또 전국에서 사용되고 있는 말을 모두 모아 공통되는 소리를 찾고, 조선과 외국의 언어학, 과학, 의학 책을 두루 공부했어요. 세종대왕은 어린 왕자와 공주들에게 소리를 내게 하고 입, 목, 혀 등의 발음 기관을 살폈어요. 또 소리마다 달라지는 발음 기관을 정확히 알기 위해 어의와도 의논했어요.

발음을 할 때 움직이는 각각의 발음 기관 모양을 하나하나 그려 가며 연구한 지 10여 년 만에 발음 기관을 본뜬 닿소리 17글자를 완성했어요. 다른 문자들은 사물의 모양을 보고 만들었지만, 한글의 자음은 사람의 발음 기관을 본떠 만든 것이지요.

세종대왕이 새 글자를 연구할 때 가장 좋아한 동료는 어린 왕자와공주들이었어요. 세종대왕은 왕자와 공주들에게 전국에서 모은 소리를 한 자씩 발음해 보게 했어요. 그래서 세종대왕이 글자를 연구하고 있을 때에는 늘 이상한 말소리가 났다고 해요.

닿소리 17글자는 기본 글자 다섯 글자를 바탕으로 만들어졌어요. 세종대왕은 전국에서 모은 공통적인 소리를 목구멍, 어금니, 혀, 이, 입술인 다섯 가지로 기준을 세웠어요. 그리고 기본이 되는 다섯 가지 소리를 문자로 만들었답니다.

닿소리의 기본 글자를 만든 원리

닿소리 기본 글자를 발음할 때의 모습을 엑스레이로 찍어 보면 아래 그림과 같아요. 세종대왕이 발음 기관의 모양을 정확히 관찰한 것이지요. 닿소리가 매우 과학적으로 만들어졌다는 것을 알 수 있어요.

어금닛소리(뒤헛소리)
혀의 뒤가 목젖에 붙어 있는 모양을 보고 'ㄱ'글자를 만들었어요.

헛소리(앞헛소리)
혀의 끝이 잇몸에 닿은 모양을 보고 'ㄴ'글자를 만들었어요.

입술소리
입술의 모양을 보고 'ㅁ'글자를 만들었어요.

잇소리
이가 서로 엇갈려 있는 모양을 보고 'ㅅ'글자를 만들었어요.

목구멍소리
동그란 목구멍의 모양을 보고 'ㅇ'글자를 만들었어요.

닿소리 글자는 사람의 발성 기관의 모양을 본떠서 만들었기에 이를 '상형의 원리'라고 해요. 이는 한글이 단순하게 다른 나라의 글자를 모방해서 만든 것이 아니라 인체의 발성 기관 모양을 연구하여 과학적으로 만들었다는 것을 뜻해요. 이렇게 글자꼴에 발성 기관의 모양을 본떠 만든 글자는 전 세계에서 한글뿐이랍니다. 그만큼 가장 앞선 글자라는 것이지요.

기본 닿소리 다섯 글자는 발음 기관에서 가장 약하게 나는 소리예요. 나머지 열두 자는 다섯 가지 기본 글자에 발음이 센 정도에 따라 한 획씩 더해 가며 만들었어요. 이렇게 소리의 강약을 기준으로 획을 보태는 것을 '가획의 원리'라고 해요.

한글의 닿소리 글자는 가획의 원리로 만들어져 모양만으로도 소리

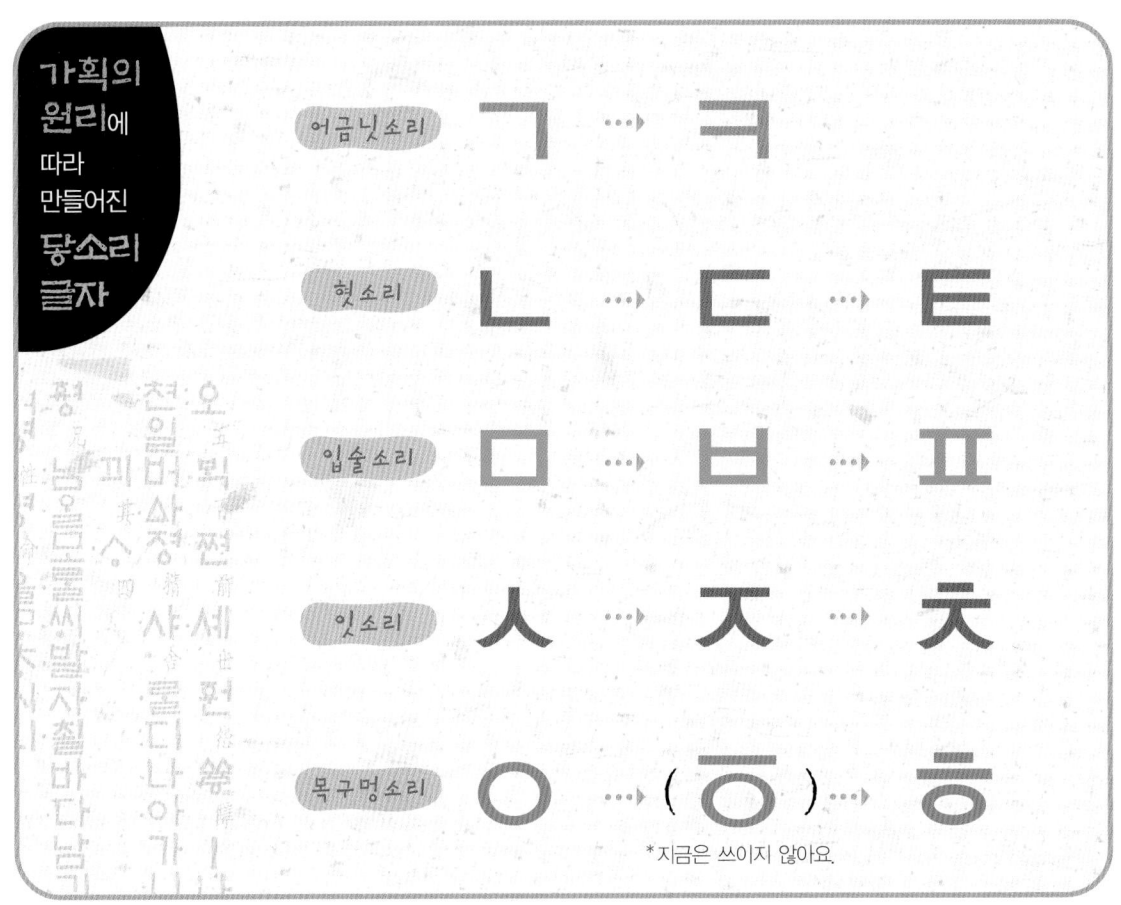

가획의 원리에 따라 만들어진 **닿소리 글자**

어금닛소리	ㄱ ··▸ ㅋ
헛소리	ㄴ ··▸ ㄷ ··▸ ㅌ
입술소리	ㅁ ··▸ ㅂ ··▸ ㅍ
잇소리	ㅅ ··▸ ㅈ ··▸ ㅊ
목구멍소리	ㅇ ··▸ (ㆆ) ··▸ ㅎ

*지금은 쓰이지 않아요.

의 관계를 알 수 있어요. 예를 들어, ㄴ과 ㄷ은 모양만 보고도 소리가 서로 관계가 있다는 것을 짐작할 수 있지요. ㄴ, ㄷ의 소리를 영어로 나타내면 N과 D인데, 모양만으로 소리가 서로 관계 있다는 것을 짐작할 수 없어요.

이렇게 만든 닿소리 17글자는 다음과 같아요.

닿소리 17글자

기본 닿소리 글자	ㄱ ㄴ ㅁ ㅅ ㅇ
기본 닿소리 글자에 획을 더하여 만든 글자	ㅋ ㄷ ㅂ ㅈ ㅎ ㅌ ㅍ ㅊ
닿소리 글자를 다시 더하여 만든 글자	ㄲ ㄸ ㅃ ㅉ

돌발 퀴즈 ㅇ의 정체를 밝혀라!

ㅇ의 이름은 (①)이며, 자음 14자 가운데 여덟 번째 글자예요. 동그란 목구멍의 모양을 본떠 만든 글자이므로 (②)라고 불러요. 23쪽, 39쪽을 참고하여 빈 칸을 채워 보세요.

① _____   ② _____

☞ 정답은 56쪽에

여기서 잠깐!

빈 칸 채우기!

《훈민정음》 제자해 자음 편을 보면 기본 닿소리 다섯 글자를 발음기관의 어느 부분을 보고 만들었는지 알 수 있어요. 각 글자에 알맞은 발음기관을 보기에서 골라 빈 칸에 한자를 써 보세요.

① _____ (어금닛소리)

② _____ (혓소리)   ④ _____ (잇소리)

③ _____ (입술소리)   ⑤ _____ (목구멍소리)

보기	舌(혀 설), 牙(어금니 아), 喉(목구멍 후), 脣(입술 순), 齒(이 치)

《훈민정음》 제자해 자음

☞ 정답은 56쪽에

홀소리 글자를 만든 원리

그렇다면 가운뎃소리 글자(홀소리, 모음)는 어떤 원리로 만들어졌을까요? 가운뎃소리 글자는 모두 11글자인데, 그 가운데 기본이 되는 글자는 'ㆍ', 'ㅡ', 'ㅣ'의 세 글자예요. 이는 각기 하늘의 둥근 모양, 땅의 평평한 모양, 사람의 곧게 선 모양을 나타낸다고 해요. 그러나 실은 사람들이 내는 소리 중 입을 동그랗게 오므릴 때(ㆍ), 옆으로 벌릴 때(ㅡ), 위아래로 벌릴 때(ㅣ) 나는 소리를 본뜬 것이에요.

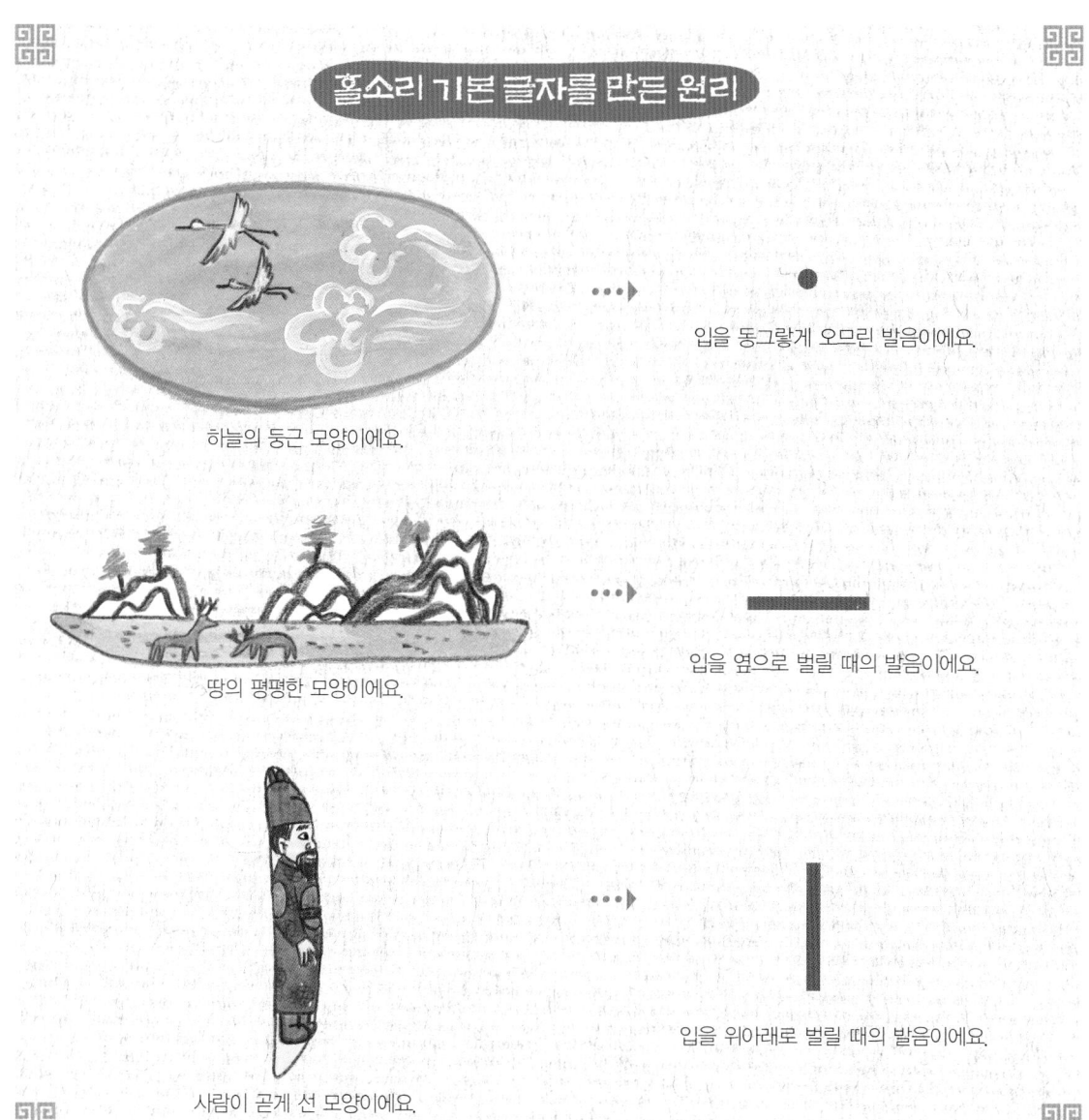

홀소리 기본 글자를 만든 원리

하늘의 둥근 모양이에요.

입을 동그랗게 오므린 발음이에요.

땅의 평평한 모양이에요.

입을 옆으로 벌릴 때의 발음이에요.

사람이 곧게 선 모양이에요.

입을 위아래로 벌릴 때의 발음이에요.

이들 기본 글자를 기준으로 다시 입을 닫느냐 여느냐에 따라 나머지 여덟 글자를 만들었어요. 즉, 'ㆍ', 'ㅡ', 'ㅣ'의 세 글자를 기본 글자로 하여, 'ㅡ'의 위(ㅗ)와 아래(ㅜ), 'ㅣ'의 왼쪽(ㅓ)과 오른쪽(ㅏ)에 획을 더한 4글자를 만들고, 다시 'ㆍ'를 더하여 'ㅛ, ㅠ, ㅕ, ㅑ'의 4글자를 만들어 11글자가 된 것이지요.

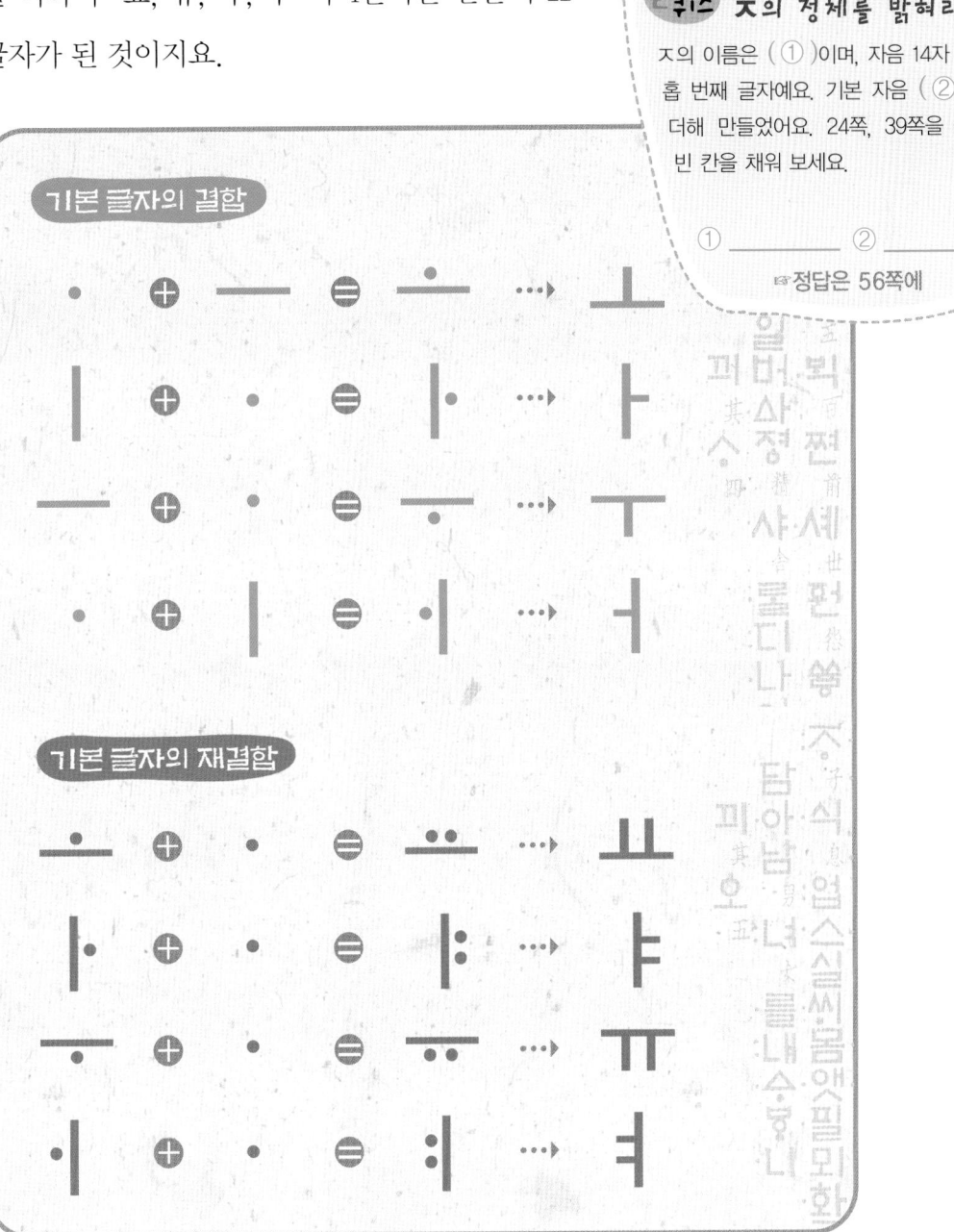

돌발 퀴즈 ㅈ의 정체를 밝혀라!

ㅈ의 이름은 (①)이며, 자음 14자 가운데 아홉 번째 글자예요. 기본 자음 (②)에 획을 더해 만들었어요. 24쪽, 39쪽을 참고하여 빈 칸을 채워 보세요.

① _____ ② _____

☞정답은 56쪽에

기본 글자의 결합

기본 글자의 재결합

이와 같은 원리로 만든 홀소리 11글자는 다음과 같아요.

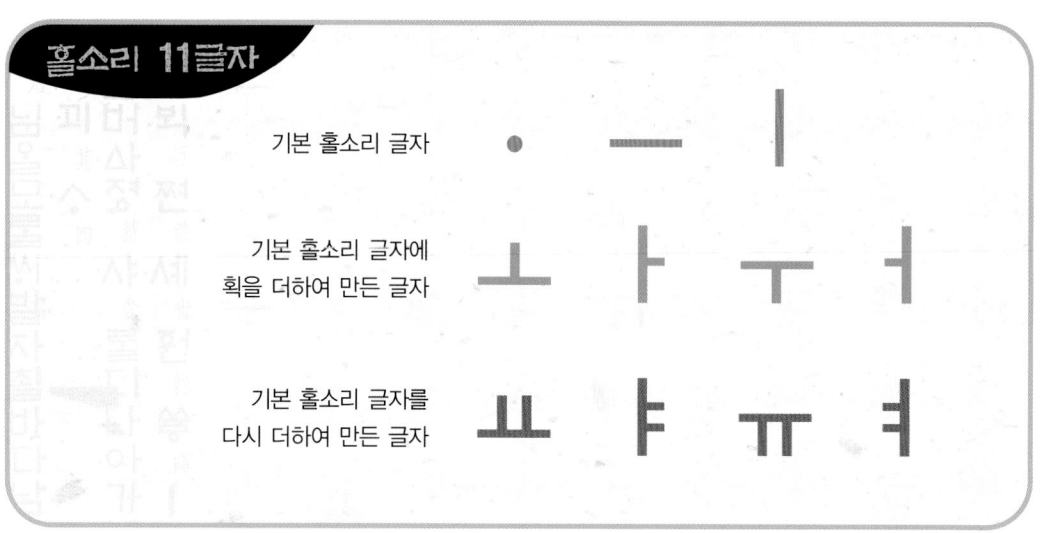

홀소리 11글자

기본 홀소리 글자

기본 홀소리 글자에 획을 더하여 만든 글자

기본 홀소리 글자를 다시 더하여 만든 글자

📖 **만물**
우주에 존재하는 모든 것을 말해요.

📖 **생성**
사물이 생겨나는 것을 말해요.

그런데 당시 이들 글자를 만든 세종대왕과 집현전 학사들은 이들 글자의 원리에 인간과 세계에 대한 근본 원리인 철학 사상을 보탰어요. 우주를 이루는 하늘, 땅, 사람의 삼재 사상과, 우주 생성의 기본 요소로서 금(金 쇠), 목(木 나무), 수(水 물), 화(火 불), 토(土 흙)를 뜻하는 오행 사상, 그리고 만물 생성에 있어 서로 반대되는 원리인 음양 사상이 그것이지요.

오행 사상을 담고 있는 닿소리 기본 글자

동양철학에서는 만물을 생겨나게 하고 온갖 물건의 모양을 변화시키는 다섯 가지 원소를 오행이라고 해요. 닿소리 기본 글자는 이 오행의 의미를 담고 있어요.

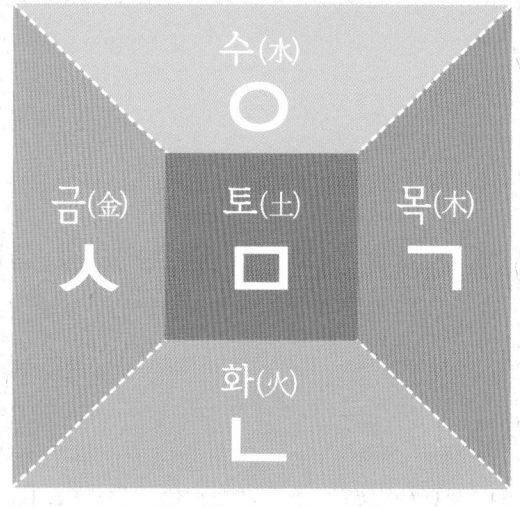

음양 사상을 담고 있는 홀소리 글자

홀소리 기본 글자에서 선의 위나 오른쪽에 점이 찍히면 밝고
따뜻한 양의 기운을, 아래나 왼쪽에 점이 찍히면 어둡고
차가운 음의 기운을 나타내요.

ㅏ ㅗ ㅑ ㅛ (양의 기운)

ㅓ ㅜ ㅕ ㅠ (음의 기운)

돌발퀴즈 ㅊ의 정체를 밝혀라!

ㅊ의 이름은 (①)이며, 자음 14자 중 열 번
째 글자예요. 기본 자음 (②)에 획을 더해
만들었어요. 24쪽, 39쪽을 참고하여 빈 칸
을 채워 보세요.

① _____ ② _____

☞정답은 56쪽에

홀소리 글자에 담긴 음양 사상은 단어의 뜻에서
도 잘 나타나요. 예를 들어 '아름답다'는 선의 오른
쪽에 점이 찍혀 양의 기운을 나타내며 낱말의 뜻도
밝고 따뜻해요. '어둡다'는 선의 왼쪽과 아래에 점이
찍혀 음의 기운을 나타내며 낱말의 뜻도 어둡고 차갑지요.
'아름답다'와 '어둡다'를 영어로 옮기면 'beautiful'과 'dark'인데,
영어에서는 이런 규칙을 찾기 어려
워요. 또 훈민정음 28글
자는 하늘의 별자리
28수(宿)와 각각 짝
을 이룬다고도 해요.
훈민정음은 과학의
슬기와 우주 만물에
대한 깊은 사상이 담
겨 있는 놀라운 글자랍
니다.

여기서 잠깐!

무엇의 모양을 본뜬 것일까?

《훈민정음》 제자해 모음편을 보면 기본 홀소리
세 글자가 어떻게 만들어졌는지 알 수 있어요.
그 가운데 'ㅡ'의 모양이 평평한 것은 무엇을 본떠
만들었기 때문일까요? 한자로 적어 보세요.

(   )

> **도움말**
>
> ㅡ 의 모양에 대해 적혀 있어요.
> 形之平 : 그 모양이 평평함은
> 象乎地也 : 땅을 본뜬 것이니라.
>
> • 의 모양에 대해 적혀 있어요.
> 形之圓 : 그 모양이 둥긂은
> 象乎天也 : 하늘을 본뜬 것이니라.

《훈민정음》 제자해 모음

☞정답은 56쪽에

28글자로 어떻게 글자를 이룰까?

그렇다면 닿소리와 홀소리 글자는 어떻게 맞추어져서 글자를 이룰까요? 한글의 닿소리와 홀소리 글자는 단순하고 자유로우면서도 체계적으로 결합해요. 예를 들어 'ㄱ, ㅏ, ㅁ'의 자리를 자유롭게 달리 배치할 수 있고, 그 배치에 따라 뜻도 달라져요. 낱말을 이루는 닿소리 글자와 홀소리 글자를 손쉽게 바꿔 새로운 음과 뜻을 만드는 간편한 조합 방식을 갖고 있지요.

감 ⋯▶ 먹 ⋯▶ 묵

닿소리의 자리와 홀소리의 배치에 따라 글자가 달라져요.

간 ⋯▶ 산 ⋯▶ 잔

첫소리 글자만 바꾸어 새로운 글자를 만들어요.

 ㅋ의 정체를 밝혀라!

ㅋ의 이름은 (①)이며, 자음 14자 중 열한 번째 글자예요. 기본 자음 (②)에 획을 더해 만들었어요. 24쪽, 39쪽을 참고하여 빈 칸을 채워 보세요.

① _____ ② _____

☞정답은 56쪽에

닿소리와 홀소리 28글자가 조합되어 글자를 이루는 데에는 원칙이 있어요. 첫 번째, 모든 글자는 소리 마디를 이루려면 반드시 첫소리 글자와 가운뎃소리 글자, 또는 첫소리 글자와 가운뎃소리 글자, 끝소리 글자를 더하여 쓰도

록 했어요. 즉, '갸', '냐'처럼 'ㄱ'과 'ㅑ', 'ㄴ'과 'ㅑ'를 더하여 쓰
도록 원칙을 정한 것이지요.

첫소리 글자   가운뎃소리 글자

첫소리 글자   가운뎃소리 글자   끝소리 글자

첫소리 글자   가운뎃소리 글자   가운뎃소리 글자

두 번째, 끝소리 글자는 글자를 따로 만들지 않고 첫소리 글자를
그대로 쓴다는 원칙을 밝힌 것이에요. 만약 끝소리 글자를 따로 만
드는 방식으로 했다면 글자가 더 많아져서 배우기 쉽고 쓰기 간편한
한글의 장점이 사라졌을 거예요.

세 종 대 왕

위의 글자에서 끝소리 글자인 'ㅇ'은 첫소리로 쓰는 자음을 그대로 써요.

세 번째는, 글자를 합하여 쓰되, 로마자처럼 옆으로 풀어서 'han-
geul'[한글]처럼 쓰지 않고 네모난 틀 안에 균형을 잡아 배치해서 쓰
는 것이에요. 그래서 첫소리 글자를 쓰고, 옆으로 긴 홀소리 글자인
ㅡ, ㅗ, ㅜ, ㅛ, ㅠ는 아래쪽에, 위아래로 긴 홀소리 글자인 ㅣ,
ㅏ, ㅓ, ㅑ, ㅕ는 오른쪽에 쓰도록 해서 글자의 균형을 맞추었어

로마자
라틴문자라고도 하며,
지금의 A, B, C 등의
26글자를 말해요.

요. 이러한 원칙 때문에 한글은 세로로 쓸 수도 있고 가로로 쓸 수도 있어요. 재미난 것은 도서관에 가 보면 세로로 쓴 영어책을 찾아보기 힘들다는 거예요. 한글로 된 책들은 세로로 써도 되기 때문에 그럴 염려가 없지요.

한글은 한 소리마디를 한 글자로 조합해 쓰기 때문에 가로로 써도 되고 세로로 써도 된답니다.

영어는 옆으로 풀어 쓰기 때문에 세로로 쓰면 읽기가 불편하답니다.

여기서 잠깐!

아래에 쓰는 홀소리 글자, 오른쪽에 쓰는 홀소리 글자를 찾아라!

《훈민정음》 합자해에는 첫소리, 가운뎃소리, 끝소리가 어떻게 합쳐져 글자를 이루는지 적혀 있어요. 우리말 풀이를 보고 첫소리의 아래에 쓰는 홀소리 글자와 오른쪽에 쓰는 홀소리 글자를 적어 보세요.

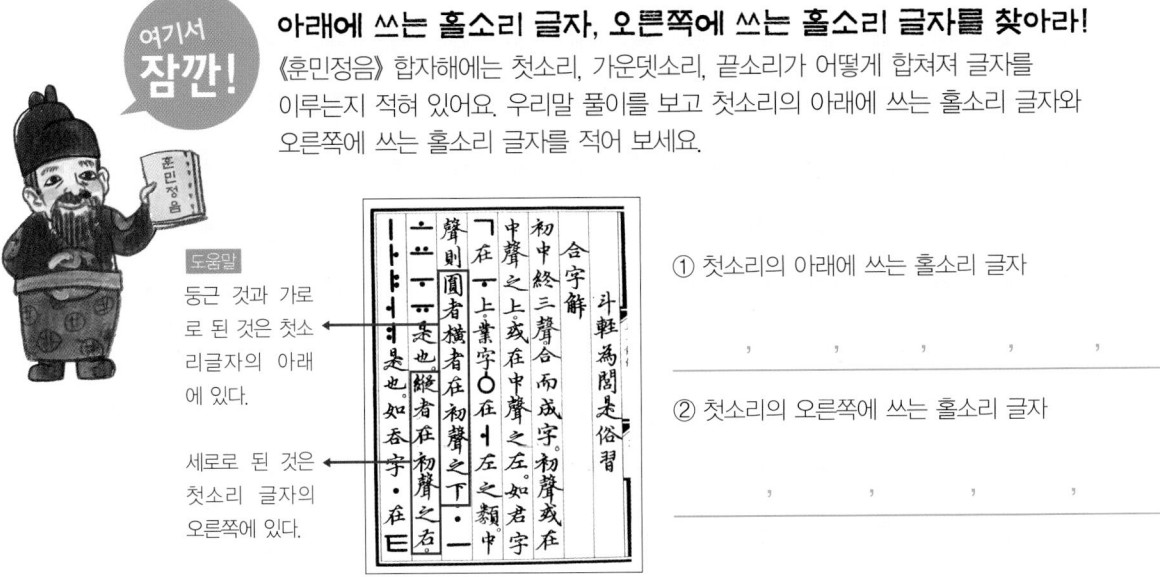

도움말
둥근 것과 가로로 된 것은 첫소리글자의 아래에 있다.

세로로 된 것은 첫소리 글자의 오른쪽에 있다.

《훈민정음 합자해》

① 첫소리의 아래에 쓰는 홀소리 글자

, , , ,

② 첫소리의 오른쪽에 쓰는 홀소리 글자

, , ,

정답은 56쪽에

세계의 문자와 한글

세계에는 오래 전부터 많은 문자가 있었어요. 라틴 알파벳 문자는 오천 년, 한자는 삼천 년 전쯤부터 있던 것으로 짐작되어요. 한글은 만들어진 지 600여 년밖에 되지 않았지만, 다른 문자와는 매우 다른 독자성을 갖고 있어요. 따라서 한글은 세계의 여러 문자를 체계에 따라 정리할 때 그 자리를 찾기가 어렵답니다. 크레타 문자를 비롯하여 이집트 문자와 수메르 문자, 갑골 문자의 출발점은 그림 문자인 것이 뚜렷하지만 한글은 발음 기관을 본떠 만든 세계 유일의 문자이기 때문이에요.

훈민정음을 만든 사람들

한글이 이처럼 훌륭한 글자로 만들어지기까지 세종대왕을 도운 많은 사람들이 있어요. 《훈민정음 해례본》에는 정인지의 서문에 이어, 당시 훈민정음을 만드는 일에 참여한 여덟 명의 이름이 나와 있어요. 이들의 노력이 없었다면 세종대왕도 훈민정음을 만들기 어려웠을 거예요. 훈민정음을 만든 숨은 공신들이 과연 누구누구인지 알아보아요.

돌발 퀴즈 ㅌ의 정체를 밝혀라!

ㅌ의 이름은 (①)이며, 자음 14자 중 열두 번째 글자예요. 기본 자음 (②)에 획을 더해 만들었어요. 24쪽, 39쪽을 참고하여 빈 칸을 채워 보세요.

① _____ ② _____

정답은 56쪽에

정인지 鄭麟趾, 1396(태조 5)~1478(성종 9)
조선 초기 문신으로서 대표적인 유학자 중 한 사람이에요. 역사, 천문, 역법, 아악을 정리하였고, 훈민정음 창제에 참여하여 공을 세웠어요. 학문을 육성하고 제도 정비에도 기여하였으며, 권제 등과 《용비어천가》를 지었어요.

최항 崔恒, 1409(태종 9)~1474(성종 5)
조선 초기 문신이자 학자예요. 1434년(세종 16년) 과거에 장원 급제하고, 집현전 학사로서 훈민정음 창제와 《용비어천가》, 《세종실록》 등을 편찬하는 데 참여했어요.

박팽년 朴彭年, 1417(태종 17)~1456(세조 2)
조선 초기의 문신이며 단종 복위 운동 때 사육신의 한 사람이에요. 학사들 중에서 문장과 필법이 뛰어나 집대성이라는 칭호를 받았어요. 1455년 수양대군이 조카인 단종의 왕위를 빼앗자 단종 복위 운동을 꾀하다가 고문 끝에 옥중에서 죽었어요.

신숙주 申叔舟, 1417(태종 17)~1475(성종 6)
조선 초기 문신이에요. 세종대왕의 명으로 성삼문과 함께 중국 명나라로 가서 언어학에 관한 지식을 얻어 훈민정음 편찬에 큰 공을 세웠어요. 뒤에 수양대군을 도와 계유정난에 참여해 공신이 되었어요.

이름을 찾아볼까요?

훈민정음에는 세종대왕을 도와 훈민정음을 만든 집현전 학사들의 이름이 적혀 있어요. 학사들의 이름에 표시해 보세요.

도움말 집현전 학사들의 이름 앞에는 '臣'(신)자가 작게 써 있어요. 또 성과 이름을 쓴 글씨의 크기가 달라요. 아래 말풍선 안의 한자를 참고해서 찾아 보세요.

☞정답은 56쪽에

《훈민정음》 창제 참여자 명단

이선로
李善老, ?~1453(단종 1)
조선 초기의 문신이에요. 1438년(세종 20년) 과거에 급제하고 집현전 교리를 거쳐 성삼문, 박팽년 등과 함께 훈민정음 창제에 참여했어요.

강희안 姜希顔, 1417(태종17)~1464(세조 10)
조선 초기 문신이자 선비화가예요. 1441년(세종 23년) 문과에 급제하여 집현전에서 정인지 등과 함께 세종대왕이 지은 훈민정음 28자에 대한 해석을 덧붙였고, 《용비어천가》의 주석도 붙였어요. 학자들에 의하면, 훈민정음 글씨를 강희안이 썼을 것으로 추정한답니다.

성삼문 成三問, 1418(태종 18)~1456(세조 2)
조선 초기 문신이자 사육신의 한 사람이에요. 집현전 학사로 뽑혀 세종 대왕의 총애를 받았고, 명나라에 가서 언어학을 연구하고 돌아와 훈민정음을 반포하는데 공헌하였어요. 수양대군이 어린 조카인 단종을 몰아내고 왕위에 오르자 단종 복위 운동을 계획하고 세조를 제거하려 했으나 실패하여 죽임을 당했답니다.

이개 李塏, 1417(태종 17)~1456(세조 2)
조선 초기 문신으로 사육신의 한 사람이에요. 집현전에서 훈민정음 창제에 참여했어요. 성삼문, 박팽년 등과 함께 단종의 복위를 모의하다가 발각되어 모진 고문 끝에 죽었어요.

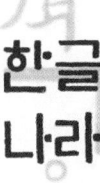

한·글
나·라

1995
549돌 한글날 기념

사·랑
사·랑

한글의 역사
한글의 수난

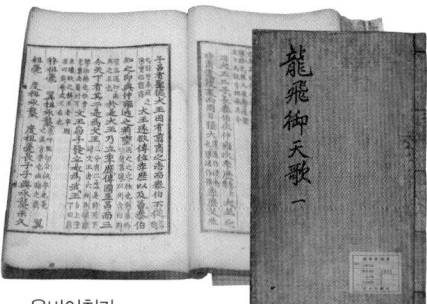

용비어천가
조선의 건국 내용을 담고 있어요.

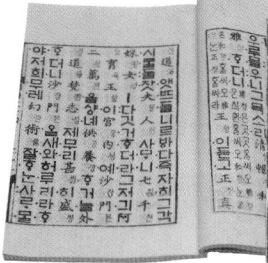

석보상절
석가모니의 일대기를 훈민정음으로 적은 책이에요.

소중한 한글

한글이 어떻게 만들어졌는지 이제는 알게 되었나요? 그럼, 이제 한글이 왜 소중한지 알아보아요.

무엇보다도 가장 큰 이유는 우리말의 원리와 꼭 맞는 글자이기 때문이에요. 우리말과 우리글 속에는 우리의 생각이 담겨 있지요. 그래서 나라가 어려울 때마다 우리 선조들은 우리말과 글을 지켜야 나라를 바로 세울 수 있다는 생각으로 말과 글을 통해 나라 사랑과 겨레 사랑을 실천했어요.

둘째로 한글은 세계로부터 우수성을 인정받았어요. 전 세계 언어학자들도 한글의 글자 원리에 감탄하여 한글이야말로 세계 글자 가운데 가장 앞선 글자라고 한답니다. 그래서 글자가 없는 나라에 한글을 보급하기 위한 운동도 활발히 펴고 있어요.

셋째로 한글은 우리가 지키고 후손들에게 고스란히 물려주어야 할 중요한 문화유산이라는 거예요. 우리글인 한글을 지키기 위해 일제 강점기에 한글 운동을 한 주시경 선생님도 "말이 오르면(좋아지면) 나라가 오르고, 말이 내리면(나빠지면) 나라도 내린다."라고 했어요.

한글, 우리가 사랑하고 아껴야 할 우리의 소중한 자산이랍니다.

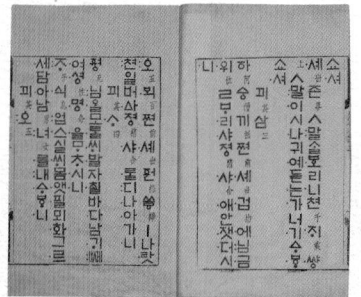

월인천강지곡
《석보상절》을 보고, 세종대왕이 지은 노래를 담고 있어요.

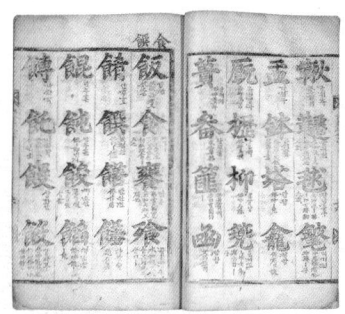

훈몽자회
어린이를 위한 한자 학습서예요.

훈민정음과 한글은 달라요

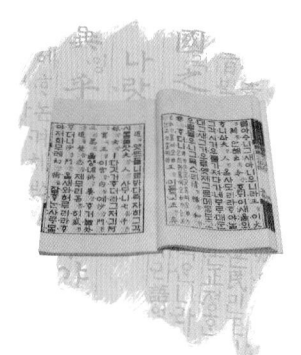

처음 만들어졌을 때의 훈민정음과 요즘 우리가 쓰고 있는 한글은 어떤가요? 어떤 점이 다를까요?

첫 번째 다른 점은 배열 순서예요. 처음에 훈민정음을 만들었을 때에는 만든 원리에 따라 같은 소리의 묶음끼리 나열하는 방식으로 순서를 정했어요. 이 순서는 16세기 때 학자였던 최세진이 《훈몽자회》라는 책에서 훈민정음 28글자마다 각 글자의 이름을 붙이고 순서도 많이 쓰는 글자 순으로 다시 정하면서 바뀌게 되었고, 그 뒤 1751년에 오늘날의 닿소리과 홀소리 순서와 같게 되었답니다.

《훈민정음 해례본》의 닿소리와 홀소리 글자의 순서(1446년)

ㄱ ㅋ ㆀ ㅇ ㄷ ㅌ ㄸ ㄴ ㅂ ㅍ ㅃ ㅁ ㅈ ㅊ ㅉ ㅅ ㅆ

ㆆ ㅎ ㆅ ㅇ ㄹ ㅿ · ㅡ ㅣ ㅗ ㅏ ㅜ ㅓ ㅛ ㅑ ㅠ ㅕ

《훈몽자회》의 닿소리와 홀소리 글자의 순서(1527년)

ㄱ ㄴ ㄷ ㄹ ㅁ ㅂ ㅅ ㆁ ㅋ ㅌ ㅍ ㅈ ㅊ ㅿ ㅇ ㅎ ㅏ

ㅑ ㅓ ㅕ ㅗ ㅛ ㅜ ㅠ ㅡ ㅣ ·

오늘날의 닿소리와 홀소리 글자의 순서

ㄱ ㄴ ㄷ ㄹ ㅁ ㅂ ㅅ ㅇ ㅈ ㅊ ㅋ ㅌ ㅍ ㅎ ㅏ ㅑ ㅓ

ㅕ ㅗ ㅛ ㅜ ㅠ ㅡ ㅣ

두 번째는 글자 수예요. 지금 우리가 쓰고 있는 한글의 낱글자는 모두 24글자인데, 《훈민정음 해례본》에는 그보다 4글자가 더 많은 28글자가 나와 있어요. 즉, 'ㆁ, ㆆ, ㅿ, ·'의 4글자는 훈민정음을 만들 당시에 우리말을 적는 데 필요해서 만들었지만, 점차 쓰이지 않게 되어서 지금은 사라졌지요.

세 번째는, 한글 낱글자의 이름이 불규칙하게 정해졌다는 거예요. 홀소리 글자는 홀로 소리를 내는 글자이기 때문에 글자 앞에 'ㅇ'만 붙이면 그대로 이름이 되어요. 즉, 'ㅡ'는 '으', 'ㅣ'는 '이' 하는 식이지요. 닿소리 글자는 조선 중기에 최세진이 처음으로 한글 닿소리 글자의 이름을 붙였어요. 첫소리 글자에는 'ㅣ'를, 끝소리 글자에는 'ㅡ'를 놓고 글자 이름을 지었지요. ㄱ은 '기윽', ㄴ은 '니은'과 같은 방법으로요. 그런데 이 명칭을 한자로 적으면서 문제가 생겼어요. 즉 한자에는 '윽'에 해당하는 글자가 없었던 거예요. 그래서 '윽' 자는 가장 가까운 '역' 자를 사용하여 '기역(其役)' 자로 적게 되었어요. 또 '디읃'은 '읃' 대신에 '귿'을 사용하여 '디귿'으로 적었고, '시읏'은 '읏' 대신에 '옷'을 사용하여 '시옷'으로 적었어요. 그리고 '귿'에 대한 발음은 "끝 말(末)할 때 끝의 발음입니다."라 하고, '옷'에 대한 발음은 "옷 의(衣)할 때 옷의 발음입니다."라는 해석도 달아야 했기에 불규칙한 현상이 나타나게 된 것이랍니다.

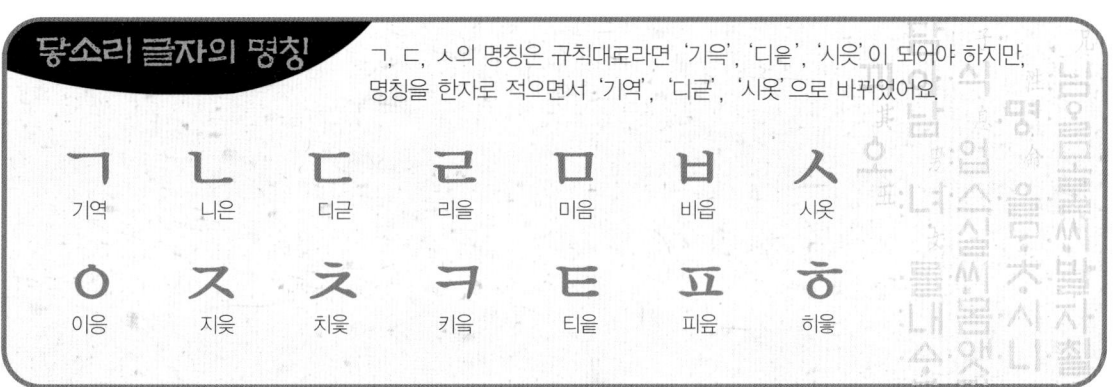

돋보기 퀴즈 ㅍ의 정체를 밝혀라!

ㅍ의 이름은 (①)이며, 자음 14자 중 열세 번째 글자예요. 기본 자음 (②)에 획을 더해 만들었어요. 24쪽, 39쪽을 참고하여 빈 칸을 채워 보세요.

① _____ ② _____

☞ 정답은 56쪽에

닿소리 글자의 명칭

ㄱ, ㄷ, ㅅ의 명칭은 규칙대로라면 '기윽', '디읃', '시읏'이 되어야 하지만, 명칭을 한자로 적으면서 '기역', '디귿', '시옷'으로 바뀌었어요.

ㄱ	ㄴ	ㄷ	ㄹ	ㅁ	ㅂ	ㅅ
기역	니은	디귿	리을	미음	비읍	시옷

ㅇ	ㅈ	ㅊ	ㅋ	ㅌ	ㅍ	ㅎ
이응	지읒	치읓	키읔	티읕	피읖	히읗

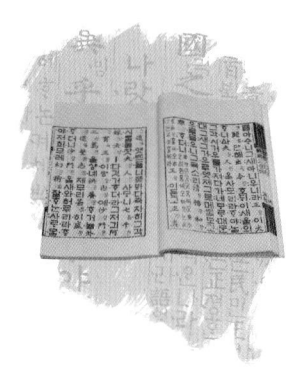

역경을 이겨 내고 민족의 글자로

세종대왕이 훈민정음을 만들었지만 우리 나라는 아주 오랜 세월 동안 중국의 한자를 사용했기 때문에 새 글자를 반대하는 사람들이 많아서 보급이 쉽지 않았어요. 그리고 일제는 갖은 방법을 동원하여 한글을 탄압하였지요. 이 모든 어려움을 이겨 내고 한글은 민족의 글자로 자리잡게 됩니다.

모든 국민이 한글을 사용하게 하라

세종대왕은 훈민정음을 반포한 다음 빠른 시일 내에 이를 널리 보급하고자 여러 가지 방법을 생각해 냈어요. 훈민정음으로 글을 지어 관리들에게 보이기도 하고, 《동국정운》이라는 한자 교본을 만들도록 했지요. 관료 시험 과목에 훈민정음을 넣어서 시험을 보게 했어요. 또 신하들에게는 문서를 작성할 때 새 글자인 훈민정음으로 작성하도록 하였으며, '효뎨례의'라는 네 글자가 새겨진 한글 동전을 만들어 보급하기도 했어요. 또한 각종 경서와 시가를 훈민정음으로 번역하여 백성들에게 알리는 등 훈민정음의 보급에 많은 노력을 기울였어요.

하지만 한자 문화에 푹 젖어 있었던 양반 관료들은 훈민정음을 아랫사람들이나 여자들이 배우는 글이라며 낮추어 보고 이를 멀리했어요. 즉, 오랫동안 한자에 길들여진 사람들은 훈민정음을 상스러운 글자라는 뜻의 '언문', 부녀자들이나 배우는 글이라는 뜻의 '암클' 등으로 낮추어 불렀어요.

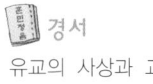 **경서**
유교의 사상과 교리를 적은 책이에요.

시가
시문학을 통틀어 이르는 말이에요.

동국정운

세종대왕이 한글을 만들고 최초로 지시한 일은 《동국정운》(1448년, 국보 제71호)을 편찬하는 일이었어요. 《동국정운》은 한자음을 한글로 정리한 최초의 한자 교본이에요. 당시 조선에는 같은 한자를 두고도 각 지방과 사람에 따라 다르게 읽는 문제가 있었어요. 한자음의 표준을 제시하여 한자음을 올바로 읽고 쓸 수 있게 하는 것도 당시로서는 중요한 일이었어요. 그 뒤, 모든 사람들이 한자를 바르게 읽고 쓸 수 있게 되었어요.

《동국정운》

더욱이 조선의 열 번째 임금인 연산군은 자신을 비판하는 글이 훈민정음으로 쓰인 것에 화를 내어 훈민정음을 쓰지 못하게 했어요. 안타깝게도 많은 한글 서적들이 이때 불태워졌어요. 때문에 초기에 지어진 많은 한글 책들이 사라졌지요.

그렇지만 우리말에 꼭 맞는 훈민정음은 세월이 흐르면서 점차 평민들이나 여인들, 그리고 뜻있는 학자나 문인 관료를 중심으로 차츰차츰 널리 퍼지기 시작했어요. 송강 정철, 고산 윤선도의 한글 시가 문학, 허균의 《홍길동전》과 김만중의 《사씨남정기》, 《구운몽》, 지은이를 알 수 없는 《춘향전》, 《심청전》 등의 뛰어난 한글 소설 문학 작품들이 줄을 이어 나와서 지금까지도 널리 읽히고 있지요. 지금까지 남아 있는 문학 작품뿐만 아니라 편지, 일기 등 백성들의 생활 곳곳에서 한글은 널리 사

돌발 퀴즈 ㅎ의 정체를 밝혀라!

ㅎ의 이름은 (①)이며, 자음 14자 중 열네 번째 글자, 즉 마지막 글자예요. 기본 자음 (②)에 획을 더해 만들었어요. 24쪽, 39쪽을 참고하여 빈 칸을 채워 보세요.

① _____ ② _____

정답은 56쪽에

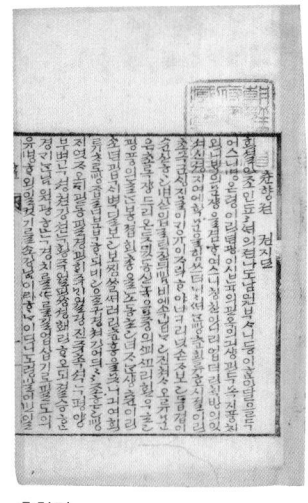

춘향전
춘향전은 기생의 딸 성춘향과 고을 사또의 아들 이몽룡의 사랑 이야기예요. 이렇게 한글로 쓰여진 덕분에 많은 평민들이 쉽게 책을 읽을 수 있게 되었답니다.

덕온공주의 한글 편지
덕온공주는 조선 제23대 임금 순조의 셋째 딸이에요. 이처럼 한글은 창제 이후 점차 여인들과 평민들, 그리고 뜻있는 문인들 중심으로 널리 쓰이기 시작했어요.

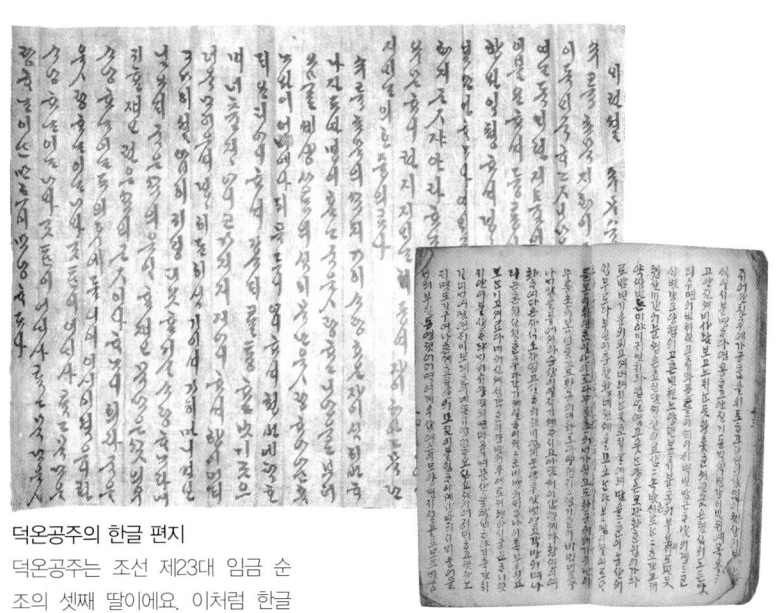

심청전 필사본
심청전 이야기를 손으로 직접 베껴 쓴 것이에요.

돌발퀴즈 ●의 정체를 밝혀라!

● 는 홀소리 기본 글자 중 하나예요. (①)의 둥근 모양을 본떠 만들었는데, 사람들이 내는 소리 중 입을 (②) 오므릴 때 나는 소리예요. 26쪽을 참고하여 빈 칸을 채워 보세요.

① _____ ② _____

☞정답은 56쪽에

 유희

조선 후기에 활동한 한글 학자예요. 《시물명고》와 같은 국어학 연구에 귀중한 자료를 남겼어요.

 갑오개혁

조선 고종 31년(1894년) 7월부터 고종 33년(1896년) 2월 사이에 있었던 개혁 운동이에요. 예부터 전해 내려오던 국가의 여러 가지 제도를 근대식으로 고치려던 운동이랍니다.

용되었답니다. 한글은 백성들의 기쁨, 슬픔, 즐거움, 분노를 풀어 내는 도구였어요.

우리 것, 우리 글자

17, 8세기를 통해 새로운 학문의 기운이 움트기 시작했는데, 이것을 실학이라고 해요. 실학은 중국 중심의 사고방식에서 벗어나 우리 것을 찾자는 자주정신에서 비롯되었어요. 또한 너무 이론과 생각에만 치우치는 낡은 태도에서 벗어나 실생활에 도움이 되는 학문을 연구하자는 것이지요. 이에 영향을 받아 우리 것을 연구하는 흐름이 나타났고, 자연히 우리 글자인 훈민정음을 본격적으로 연구하는 학자들도 나타나게 되었어요. 특히 유희는 한글 연구서인 《언문지》를 지어 한글과 중국 글자를 비교해서 그 우수성을 강조하였어요.

한글은 몇 백 년의 세월을 거치며 점차 우리 민족의 글자로서 서서히 자리를 잡아 나갔어요. 한글은 1894년의 갑오개혁을 통하여 비로소 나라 글자(국문)로 인정받게 되었어요. 그리고 1896년에 우리 나라 최초의 한글신문인 《독립신문》이 창간되었어요. 당시 《독립신문》에서는 모든 내용을 순 한글로만 표기했을 뿐 아니라, 한글의 띄어쓰기를 처음으로 시행해 한글 맞춤법의 진전에도 큰 영향을 주었답니다.

독립신문

일제의 한글 탄압

1910년에 우리 나라는 일본에게 나라의 권리를 강제로 빼앗기고 말았어요. 일본은 우리 나라를 침략하여 나라의 권리를 강제로 빼앗은 뒤, 특히 우리말과 글을 없애려고 했지요. 하지만 이러한 일본의 탄압에도 불구하고 많은 민족운동가들은 국민들에게 우리글을 가르쳐서 나라의 힘을 기르고 일본에게 빼앗긴 나라를 되찾아 오려고 했어요.

이러한 민족운동가 가운데 주시경은 평생을 한글 운동에 앞장서서 국어강습소를 열고 많은 제자들을 길러 냈어요. 무엇보다 주시경의 가장 큰 연구 성과는 한글 맞춤법을 확립한 데 있어요. 당시까지도 한글 맞춤법이 전혀 통일되어 있지 않아서 우리말과 글을 사용하는 데 많은 혼란이 있었거든요. 그래서 이때 고안한 맞춤법이 지금 우리가 쓰고 있는 한글 맞춤법의 바탕이 되었어요.

또한 주시경은 우리말 '한'의 '크다'와 '하나'라는 뜻을 취하여 '한글'이라는 이름을 지었어요. '우리 배달겨레의 크고 위대한 글자'라는 뜻이지요. 특히 우리 나라 말과 글을 귀하게 여기고 옳게 써야 나라가 발전한다는 생각을 가지고 있었어요. 그래서 한글 연구와 한글 사랑을 통해 당시 우리 나라 국민들이 어떻게 하면 한글을 더욱 잘 활용하고 제대로 사용할 수 있을지 꾸준히 연구했답니다.

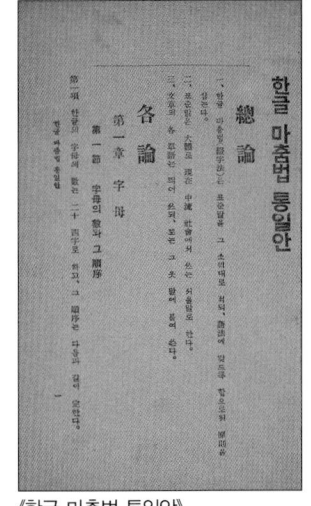

한글학자 주시경

주시경(1876~1914)은 국어를 과학적으로 연구한 한글학자예요. 독립신문이 창간되자 한글 전용, 한글 띄어쓰기, 쉬운 말 쓰기의 방법으로 신문을 제작하는 데 크게 기여했어요. 한글을 가르치고 보급하는 데 전념하였고, 《대한국어문법》, 《국어문전음학》, 《국어문법》 등을 지었어요.

한힌샘 주시경

《한글 마춤법 통일안》
주시경이 연구하여 정리한 한글 맞춤법을 적은 책이에요.

여기서 잠깐!

1942년 일본은 조선어학회의 회원들에게 '학술단체를 가장한 독립운동단체'라는 죄명을 씌워 온갖 고문을 가하고 탄압했어요. 이 사건의 이름은 무엇일까요?

(   )

정답은 56쪽에

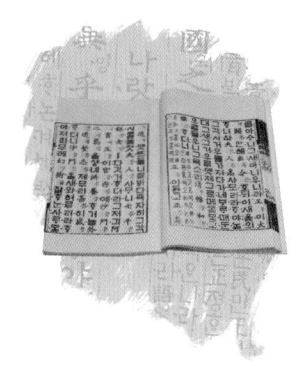

우리 민족의 자랑거리, 한글

우리말에 꼭 맞는 우리 글자 한글은 이제 우리 민족의 자랑거리예요. 한글은 세계에서 가장 슬기로운 글자일 뿐만 아니라 아름답기까지 해요. 또 미래의 디지털 시대에도 잘 맞는 글자이기 때문에 세계 언어학자들의 주목을 받고 있답니다. 왜 그런지 알아보아요.

돌발 퀴즈 —의 정체를 밝혀라!

—는 홀소리 기본 글자 중 하나예요. (①)의 평평한 모양을 본떠 만들었는데, 사람들이 내는 소리 중 입을 (②)으로 벌릴 때 나는 소리예요. 26쪽을 참고하여 빈 칸을 채워 보세요.

① _____ ② _____

☞ 정답은 56쪽에

세계에서 가장 슬기로운 글자

세계의 언어학자들은 한글을 세계에서 가장 과학적인 글자로 인정하고 있어요. 영국의 샘슨이라는 유명한 언어학자는 한글을 '신이 인간에게 내린 선물'이라고 몹시 칭찬했어요. 독일의 언어학자인 하스펠마트는 한글날인 10월 9일을 '세계 언어학의 날'로 정하여 기념하자고 제안하기도 했어요. 또 미국 시카고 대학의 맥콜리 교수는 한글날마다 강의를 쉬고 학생들을 집으로 초대해 기념하는 잔치를 열고, 한국이 문자 제정일을 기념일로 삼는 세계 유일의 나라라고 칭찬했답니다.

유네스코에서는 세계적으로 문맹 퇴치에 기여한 사람에게 시상하는 상의 이름을 '세종대왕상'이라고 붙였어요. 세종대왕의 업적을 기리는 의미를 담고 있지요. 또 폴란드에는 세종대왕의 정신을 기리는 뜻에서 학교 이름을 '세종대왕고등학교'로 바꾼 학교도 있답니다.

조형
어떤 형태가 있는 것을 만드는 것이에요.

세상을 바꾸는 아름다운 우리 글자

한글은 글자로서 쓰임새도 뛰어나지만, 조형적 아름다움도 뛰어나요. 한글은 기본적으로 그 획을 구분해 보면 '—, ㅣ, /,\, ·, ㅇ'의 여섯 개로 구분되어요. 이렇게 매우 간단한 기본 꼴을 바탕으로 조합하면 다양하고 아름다운 모양 이 쉽게 만들어져요.

거리 간판, 우리가 입는 옷가지, 책 디자인, 예 술 디자인, 건축 디자인, 생활용품 디자인 등 많 은 부분에서 한글의 글자꼴을 활용한 상품들이 날 로 늘어나고 있어요. 한글은 단지 글자로서만이 아니 라 우리 생활 문화를 아름답게 가꾸어 주는 소중한 자산 이랍니다.

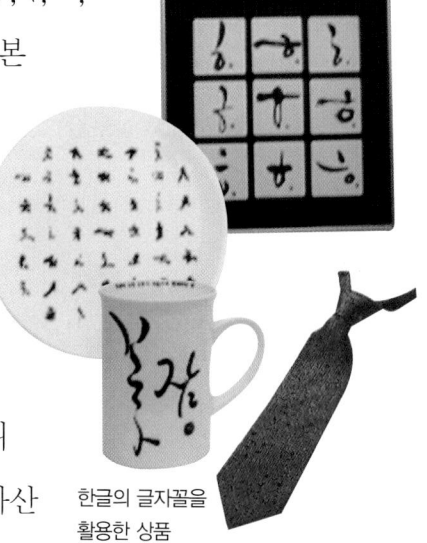

한글의 글자꼴을 활용한 상품

컴퓨터 시대에도 잘 맞는 한글

한글은 21세기 정보화 시대에도 큰 힘을 발휘하고 있어요. 우리 나 라가 정보기술 강국이 될 수 있었던 데에는 무엇보다도 한글이 컴퓨 터 정보 처리에 알맞은 글자라는 점이 바탕이 되었어요.

간단한 28개의 글자로 구성된 한글의 낱글자를 조 합하면 전 세계 글자 가운데 가장 많은 소리를 적을 수 있어요. 여러 개의 음절을 나열해야 한 단어가 만들어지는 영어와는 달리 한글은 닿소리와 홀소 리가 결합한 한 음절 안에서 고유한 뜻과 소리를 갖고 있어 빠르고 편리해요. 이는 컴퓨터 기술의 바탕이 되는 디지털 정보 이론이 '0'과 '1'의 조 합으로 이루어진 것처럼 한글도 28글자로 글자를 조합하는 원리로 되어 있기 때문이에요. 그리고 요즘 많이 사용하는 손전화의 글자판도 한글의 가획 원리를 응용한 것이에요. 그래서 우리 나

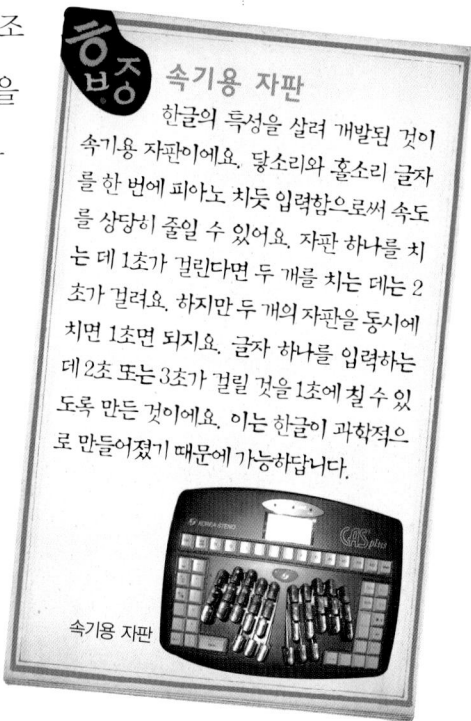

속기용 자판

한글의 특성을 살려 개발된 것이 속기용 자판이에요. 닿소리와 홀소리 글자 를 한 번에 피아노 치듯 입력함으로써 속도 를 상당히 줄일 수 있어요. 자판 하나를 치 는 데 1초가 걸린다면 두 개를 치는 데는 2 초가 걸려요. 하지만 두 개의 자판을 동시에 치면 1초면 되지요. 글자 하나를 입력하는 데 2초 또는 3초가 걸릴 것을 1초에 칠 수 있 도록 만든 것이에요. 이는 한글이 과학적으 로 만들어졌기 때문에 가능하답니다.

속기용 자판

ㅣ 의 정체를 밝혀라!

ㅣ는 홀소리 기본 글자 중 하나예요. (①)이
곧게 선 모양을 본떠 만들었는데, 사람들이
내는 소리 중 입을 (②)로 벌릴 때 나는
소리예요. 26쪽을 참고하여 빈 칸을 채워
보세요.

① _____ ② _____
☞ 정답은 56쪽에

라 한글 글자판이 전 세계 글자판 가운데 가장 빨리 문자를 입력할 수 있다고 해요.

한글은 디지털 원리와 잘 맞는 글자일 뿐만 아니라 디지털로도 아름다움을 나타낼 수 있는 글자예요. 컴퓨터 화면 상에서도 가로쓰기와 세로쓰기를 모두 할 수 있고, 아주 다양한 글꼴을 표현할 수 있어요. 한글은 알면 알수록 정말 고마운 존재이지요.

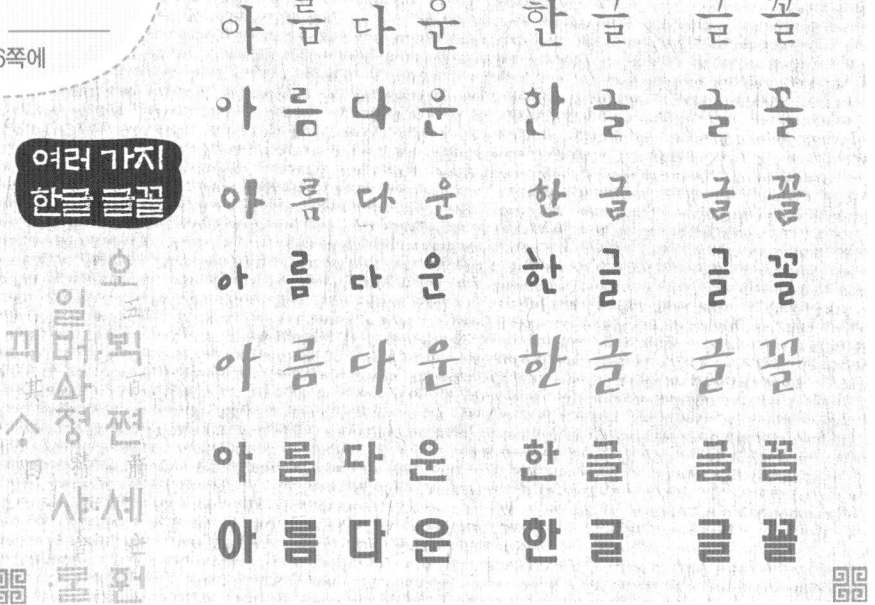

앞으로는 지식 산업이 주도하는 시대가 될 거라고 전 세계 학자들이 한 목소리로 이야기하고 있어요. 이는 지식의 생산과 소통이 활발한 나라가 앞서 나갈 수 있다는 뜻이지요. 우리에게는 이러한 지식을 만들어 낼 수 있는 우리 글자, 한글이라는 강력한 무기가 있어요. 한글은 우리 겨레가 남북 통일을 이루고 세계를 향해 힘차게 뻗어 나가는 데 가장 중요한 자산이랍니다.

한글날의 유래

우리 나라에서 한글날이 처음 제정된 것은 1926년이에요. '조선어연구회'라는 단체를 중심으로 한글날을 제정하려는 노력이 결실을 맺은 거예요. 1926년 11월 4일(음력 9월 29일) 세종대왕의 훈민정음 반포 480주년을 맞이하여 기념식을 열고, 이날을 제1회 '가갸날'로 정한 것이 시초랍니다. 이때 음력 9월 29일을 기념일로 정한 것은, 《세종장헌대왕실록》의 기록이 토대가 된 거예요. 실록에 따르면, 1446년(세종 28) 음력 9월 훈민정음이 반포되었다고 기록되어 있어, 당시 음력 9월의 마지막 날인 29일을 훈민정음이 반포된 날로 추정하여 '가갸날'로 정했지요.

그 뒤 1928년에 명칭만 '한글날'로 바꾸고, 1931년에 음력 9월 29일을 10월 29일로 정했다가, 1934년에 다시 10월 28일로 바꾸었어요. 그러다가 1940년에 안동에서 발견된 《훈민정음 해례본》의 기록에 따라 지금과 같은 10월 9일로 정했어요. 《훈민정음 해례본》의 정인지 서문에 따르면 반포일에 9월 '상한(上澣)'으로 적혀 있었어요. 이에 따라 상순의 끝날인 9월 10일을 양력으로 환산하여 10월 9일을 한글날로 정해 오늘에 이르고 있어요.

그런데 북한은 한글날이 1월 15일이에요. 우리 나라에서는 훈민정음을 정식으로 널리 알린 1446년의 기록을 기준으로 삼았고, 북한은 훈민정음이 글자로서 처음 만들어진 1443년의 기록을 기준으로 했기 때문이에요. 세종대왕께서 한글을 처음 만든 것이 1443년 음력 12월이고, 정식으로 널리 반포한 것은 1446년 음력 9월이랍니다. 후에 통일이 되면, 남북한이 협의하여 한글날도 한 날로 통일해야겠지요.

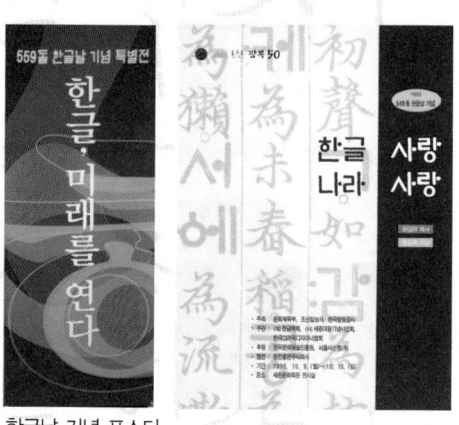

한글날 기념 포스터

우리 한겨레의 생명수

우리 글자 '한글'은 전 세계 글자 가운데 가장 슬기로운 글자라고 해요. 세계의 언어학자들은 한글의 글자 만든 원리에 감탄을 금치 못해 한 목소리로 한글을 "세계 글자의 꽃"이라고 한답니다. 그런데, 정작 우리는 이렇게 뛰어난 한글을 올바로 사용하고 있을까요?

함부로 온갖 외래어를 들여다 쓰거나, 잘못되고 나쁜 표현들을 일삼아 한글은 본래의 슬기로움과 아름다움을 잃어가고 있지요. 특히 인터넷과 손전화가 흔해진 요즈음 한글의 잘못된 사용이 늘어나면서 점차 우리말과 글을 병들게 하고 있어요. "~하삼", "~해용", "ㅎㅎㅎ", "방가방가", "열라게", "〉ㅂ〈//", "(-_-)", "ㅇㅋ", "ㅋㅋㅋ" 등 그 사례는 너무나 많답니다.

한글 운동에 평생을 몸 바친 한힌샘 주시경은 "글은 말을 담는 기계이니,

기계를 먼저 닦은 뒤에야 말이 잘 닦아 지나니라." 하고 말했어요. 아무리 좋은 글자라도 그것을 잘 갈고 닦아 써야 비로소 좋은 글자가 된다는 뜻이지요.

한글을 새긴 옷 디자인, 거리의 아름다운 한글 간판 등 한글은 우리 문화를 담는 그릇이자, 우리 문화를 풍부하게 하는 자원이랍니다. 그래서 우리가 한글을 얼마나 사랑하고 아끼느냐에 따라 한글은 더욱 더 훌륭한 글자가 될 수도 있고, 반대로 더욱 더 병들 수도 있답니다.

우리 글자 '한글' 의 역사적 의미를 되새기고 한글날을 올바로 기념해야해요. '한글' 은 우리를 우리답게 하고, 우리 자신을 자랑스럽게 하며, 우리 문화를 꽃피우게 하는 우리 한겨레의 생명수이기 때문이에요.

한글이 자라 온 역사 연표

1397년 음력 4월 10일(양력 5월 15일) 세종대왕 태어나다.

1418년 세종대왕, 조선의 제4대 임금 자리에 오르다.

1443년 세종대왕, 몸소 훈민정음을 창제하다.

1444년 집현전 부제학 최만리 등이 훈민정음을 반대하는 상소문을 올리다.

1445년 권제, 정인지, 안지 등이 《용비어천가》 10권(시가 총 125장)을 짓다.

1446년 음력 9월 상순(양력 10월 9일) 훈민정음을 반포하고 《훈민정음》을 펴내다. 언문청을 두다.
        훈민정음을 이과(吏科)와 이전(吏典)의 시험 과목으로 정하다.

1447년 관리를 뽑는 시험에서 먼저 훈민정음으로 시험을 치르게 하다. 《석보상절》, 《월인천강지곡》,
        《동국정운》을 펴내다.

1450년 세종대왕 세상을 떠나다.

1452년 정음청을 없애다.

1459년 《월인석보》를 펴내다.

1464년 〈상원사중창권선문〉(현재까지 전해지는 가장 오래된 한글 붓글씨 자료)이 나오다.

1481년 《두시언해》, 《삼강행실도언해》를 펴내다.

1504년 연산군의 잘못을 지적하는 한글 문서 사건이 일어나 한글 가르치기를 금하고 한글로 된
        책들을 불사르게 하다.

1506년 언문청을 없애다.

1527년 한글 사용 부활. 최세진이 《훈몽자회》를 펴내다.

1536년 양주 〈영비각자〉(최초의 한글 금석문)이 나오다.

1678년 최석정이 《경세훈민정음도설》을 짓다.

1691년 《훈민정음후서》를 짓다.(숙종)

1750년 신경준이 《훈민정음운해》를 짓다.

1824년 유희가 《언문지》를 짓다.

1876년 주시경이 태어나다.

1894년 (고종 31년) 갑오경장으로 우리 글의 이름을 '국문'이라 부르고, 우리 말을 '국어'라고
        부르게 되다.

1896년 최초의 순 한글 신문인 〈독닙신문〉(독립신문)이 창간되다.

1902년 국문학교가 설립되다.

1909년 유길준이 《대한문전》을 펴내다.

1910년	주시경이 《국어문법》을 펴내다.
1914년	주시경이 《말의 소리》를 펴내다. 최초의 한글타자기인 '이원익 5벌식 타자기'가 나오다.
1916년	김두봉이 《조선말본》을 펴내다.
1921년	조선어연구회(현 학글학회)가 창립되다.
1926년	조선어연구회가 주동이 되어 훈민정음 반포 기념일(가갸날, 음력 9월 29일)을 정하고 기념식을 열다.
1927년	조선어연구회가 월간 동인지 《한글》을 창간하다.
1928년	가갸날을 한글날로 바꾸다.
1929년	조선어연구회에서 조선어사전 편찬회를 만들다.
1931년	양력 10월 29일을 한글날로 삼다.
1933년	조선어학회에서 《한글 맞춤법 통일안》을 펴내다.
1934년	조선어연구회에서 훈민정음 반포일을 그레고리오력으로 환산해서 10월 28일을 한글날로 삼다.
1937년	최현배가 《우리 말본》을 펴내다.
1938년	일본이 학교에서 우리말과 글을 가르치는 것을 금지하다.
1940년	《훈민정음》 원본이 경북 안동 이한걸의 집에서 발견되다. 한글날을 10월 9일로 바꾸다. 일본이 우리글로 된 책의 출판을 금지하다.
1942년	최현배가 《한글갈》을 펴내다. 조선어학회 수난 사건이 일어나다.
1945년	조선의 광복
1947년	조선어학회의 《조선말 큰 사전》 첫 권을 펴내다.
1948년	대한민국 정부를 세우다. '한글 전용에 관한 법률'이 공포되다.
1949년	조선어학회를 한글학회로 바꾸다.
1959년	국어학회가 창립되다.
1968년	국무회의에서 한글 전용 5개년 계획(안)이 의결되고, 이어 1970년부터 한글 전용을 실시하기로 결정하다.
1984년	국립국어연구소 세우다.
1991년	국립국어연구소를 국립국어연구원(현재는 국립국어원)으로 개편하다.
1992년	한글학회에서 《우리말 큰 사전》을 펴내다.
1998년	문화관광부에서 국어정보화 중장기 발전 계획인 '21세기 세종 계획'에 착수하다.
1999년	국립국어연구원에서 《표준국어대사전》을 펴내다.
2003년	웹에 디지털한글박물관(www.hangeulmuseum.org)을 개관하다.
2004년	'국어기본법'을 제정 공표하다.

나는 훈민정음 박사!

조선 시대 최고의 발명품, 훈민정음에 대해 알아보았나요? 훈민정음을 만든 이유와
원리에 대해 알고 나니, 우리글 한글이 정말 자랑스럽지요. 그렇다면 실력을 마음껏 발휘해
문제를 풀어 보아요.

❶ 다음 질문에 O 또는 X로 답하세요.

1. 훈민정음이 만들어지기 전에 우리말을 표기한 글자에는 향찰, 이두, 알파벳이 있어요. (   )

2. 세종대왕은 훈민정음을 1443년에 만들어서 그 해에 반포했어요. (   )

3. 자음은 다른 말로 닿소리, 모음은 다른 말로 홀소리라고 해요. (   )

4. 기본 자음에 소리의 강약을 기준으로 획을 보태는 것을 '가획의 원리'라고 해요. (   )

5. 세종대왕이 만든 홀소리는 10글자예요. (   )

6. 한글의 끝소리는 가운뎃소리를 그대로 써요. (   )

7. 훈민정음 창제에 참여한 집현전 학사 가운데 서문을 적은 학사는 성삼문이에요. (   )

8. ㄱ의 이름은 '기역', ㄷ의 이름은 '디귿', ㅅ의 이름은 '시옷'이에요. (   )

9. 모든 내용을 한글로만 쓰고, 처음으로 한글의 띄어쓰기를 한 신문은 언문지예요. (   )

10. 우리글에 '한글'이라는 이름을 지은 사람은 주시경 선생님이에요. (   )

❷ 빈 칸을 채워 보세요.

세종대왕이 만들었던 자음은 모두 17자였어요. 17자 중 5자를 기본 자음이라고 하고,
기본 자음 5자에 획을 더해 나머지 자음을 만들었어요. 자음을 발음할 때 발음 기관 모습을
보고 어떤 자음을 만들었는지 빈 칸을 채워 보세요. 또 기본 자음에 획을 더해 만든 나머지
자음도 적어 보세요.

보기	ㄷ ㅈ ㄲ ㅇ ㄸ ㄱ ㆆ ㅎ ㅁ
	ㅋ ㅅ ㄴ ㅌ ㅃ ㅊ ㅂ ㅉ ㅍ

3. 입술소리
(   ) ⋯▶ (   ) ⋯▶ (   )

1. 어금닛소리
(   ) ⋯▶ (   ) ⋯▶ (   )

4. 잇소리
(   ) ⋯▶ (   ) ⋯▶ (   )

2. 혓소리
(   ) ⋯▶ (   ) ⋯▶ (   )

5. 목구멍소리
(   ) ⋯▶ (   ) ⋯▶ (   )

❸ 글자를 만들어 보세요.

아래 자음과 모음을 합하여 글자를 만들어 보세요. 11개의 자음과 모음으로 이렇게 많은 글자를 만들 수 있다니 정말 놀랍지요?

보기	ㄱ ㄴ ㅁ ㅅ ㅇ ㅑ ㅓ ㅗ ㅜ ㅡ ㅣ

---

❹ 맞는 것끼리 줄긋기

훈민정음이 창제된 후 한글로 지어진 책이에요. 책 제목과 내용이 맞는 것끼리 줄로 연결해 보세요.

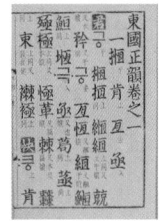
동국정운
•

한글마춤법통일안
•

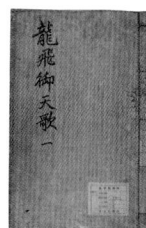
용비어천가
•

춘향전
•

훈몽자회
•

•
작자가 알려지지 않은 한글 소설 이에요.

•
어린이를 위한 한자 학습서예요.

•
한글의 맞춤법에 대해 정리한 책이에요.

•
한자음을 우리 음으로 표기한 책이에요.

•
조선이 세워진 이야기를 담고 있어요.

정답은 56쪽에

조사 보고서를 만들어요

훈민정음에 대해 잘 알아보았나요? 세종대왕이 훈민정음을 만든 까닭을 잘 알았지요?
그런데 오늘날 우리말과 글을 쓰는 우리의 모습은 어떠한가요? 과연 우리는 우리말과 글을
바로 사용하고 있을까요? 한번 조사해 보고, 보고서를 만들어 친구들에게 발표해 보세요.

조사 주제 정하기

세종대왕은 백성들이 자신의 생각을 잘 표현할 수 있도록 우리글을 만들었어요. 이처럼 글에는 자신의 생각과 느낌이 담겨 있지요. 어디 글뿐이겠어요. 우리말도 마찬가지예요. 이렇게 우리말과 글에는 민족의 얼과 문화가 고스란히 담겨져 있지요. 그러나 오늘날 우리말과 글은 마구 사용되고 훼손되고 있답니다. 도대체 그 이유가 무엇일까요? 조사하고 싶은 주제는 이렇게 평소에 궁금하게 여겼던 부분에서 생각해 봅니다.

조사 방법 정하기

다루고 싶은 주제가 정해졌다면, 그 주제를 어떻게 조사해야 할까요? 조사 방법에는 여러 가지가 있어요. 책이나 컴퓨터를 이용해도 좋고, 직접 발로 뛰며 메모를 해도 되고, 직접 사람을 만나 인터뷰를 해도 좋고, 설문지를 만들어 사람들에게 나누어 주는 방법도 있어요. 무엇보다 중요한 것은 조사한 내용을 꼼꼼히 기록해 두는 거예요.

조사 결과 정리하기

연구나 조사가 끝났으면 결과를 정리해 보고서로 만들어야겠지요. 내용을 정리하지 않으면 한눈에 조사 결과를 알아볼 수 없잖아요. 정리할 때에는 조사 내용을 잘 분석하여, 자신의 주관적인 생각이나 느낌보다는 조사 내용을 사실 그대로 정확하게 기록해야 한다는 거예요. 보고서를 보고 누구나 내용을 알아볼 수 있도록 말이에요.

설문지 만들기

다른 사람의 의견을 묻는 방법으로 조사를 하고 싶다면, 그냥 물어볼 것인지 설문지를 만들 것인지 결정해야겠지요. 설문지를 만들 때에는 어떤 내용으로 할지 계획을 세워 봅니다. 만약 어렵다면 선생님이나 부모님의 도움을 받도록 해요. 설문지 끝에 '대답해 주셔서 감사합니다.'라는 인사기 있다면 좋겠지요.

> 다른 사람은 어떻게 생각하는지 궁금하다면 설문지를 돌려보자!

《 설문지 》

우리는 얼마나 우리말을 바로 쓰고 있을까요? 그것을 알아보기 위해 설문 조사를 하고 있습니다. 여러분이 많이 도와주시기 바랍니다.

1. 지금 설문에 답해주시는 분은 어떤 분이십니까?
   1) 이름 (　　)　　2) 나이 (　　)　　3) 직업 (　　)

2. 우리말과 글을 바르게 사용하고 있다고 생각하나요?
   1) 예　　　　　2) 아니오

3. 우리말과 글을 타락하는 가장 큰 이유는 무엇이라고 생각하나요?
   1) 쉽게만 되는 외국어 숭배나 간판　　2) 대학에서 지나치게 외국어 사용
   3) 정보화 통신 용어 또는 외계어　　　4) 비속어나 은어 사용

4. 우리말과 글의 타락이 어린이에게 어떤 영향을 준다고 생각하나요?
   1) 생각과 정서에 나쁜 영향을 준다.　　2) 아무런 영향을 주지 않는다.
   3) 나쁜 기분이나 짜증을 낼때는 더 좋다.

5. 좋아하는 과자 (어린이라면 좋아하는 상표)를 다섯 개 적어 주세요.
   (　　　　　　　　　　　　　　　)

6. 주변에서 잘못 쓰는 우리말을 다섯 개 적어 주세요.
   (　　　　　　　　　　　　　　　)

7. 아름답다고 생각하는 우리말을 다섯 개 적어 주세요.
   (　　　　　　　　　　　　　　　)

조사 보고서

보고서는 어떤 내용에 대해 조사하거나 연구한 것을 다른 사람들에게 알리기 위해 쓰는 글입니다.

제목

내가 조사하려는 보고서의 제목은 곧 주제예요. 무엇을 조사했는지 한눈에 알아볼 수 있는 제목이어야겠지요. 그렇다면 이 보고서의 경우, '우리말 바로 쓰기'보다는 '우리말과 글의 사용에 대한 보고'가 더 주제에 가까운 제목이겠지요.

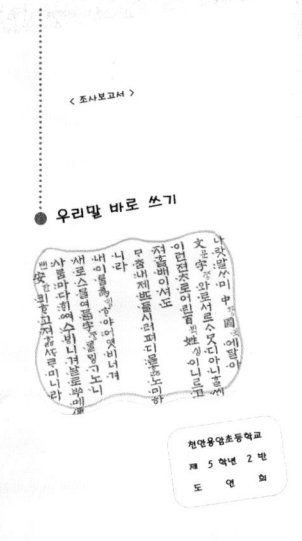

< 조사보고서 >

● 우리말 바로 쓰기

천안용암초등학교
제 5 학년 2 반
도 연 희

조사한 기간

언제부터 언제까지 했나요? 조사한 기간을 생각해봅니다.

조사한 까닭

무엇 때문에 이 조사를 하게 되었는가를 충분히 생각해 보고, 그 까닭을 씁니다. 혹시 학교 숙제 때문이라고요? 그렇다면 선생님이 그 숙제를 내 주신 까닭을 생각해 보고 써 보세요.

조사한 방법

어떤 방법으로 조사했는지를 쓰면 됩니다. 그 순서를 정리하세요.

조사한 내용과 결과

조사가 끝나면 그 내용을 잘 분석해 정리합니다. 그런데 자신이 조사를 통해 알고 싶었던 내용을 잘 조사했나요? 조사 보고서는 자신이 무엇을 조사했는지, 어떻게 조사했는지, 다른 사람에게 어떻게 알리고 싶은지를 분명히 밝혀야 해요.

조사한 느낌

조사해 본 후 느낌을 쓰면 됩니다. 이 보고서에는 느낌이 짧은데, 그 이유는 내용과 결과에 자신의 느낌을 곁들였기 때문이에요. 그런데 조사 결과에는 되도록 객관적인 사실만 써야 한답니다. 느낌은 마지막에 정리해야 해요.

우리말 바로 쓰기

1. 조사한 사람 : 천안용암초등학교 5학년 2반 도연희

● 2. 조사한 기간 : 2005년 9월27일-10월5일

3. 조사한 까닭
읽기 교과서에 우리말 살리기라는 내용이 나온다. 생각해 보니깐 나도 아무렇지도 않게 외래어나 통신 용어를 많이 쓴다. 그래서 한글날을 맞이하여 우리말이 훼손되는 이유와 생활에서 잘못 쓰는 우리말에 대해 알아보고, 아름다운 우리말을 생활에서 많이 쓰자는 마음에서 조사해 보았다.

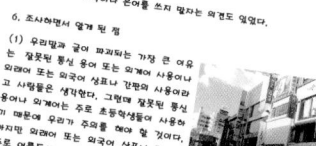

4. 조사방법
(1) 조사할 내용을 설문지로 만들어 조사할 사람에게 나누어 준다.
(2) 조사한 사람에게 대답할 시간을 주고, 다 쓴 설문지를 걷는다.
(3) 조사한 설문지를 바탕으로 내용을 정리해 보고서로 작성한다.

5. 조사한 내용과 결과 ●
우리는 얼마나 우리말을 바로 쓰고 있을까? 그것을 알아보기 위해 여러 사람들의 의견을 물어 보았다. 초등학생 3학년 3명, 초등학교 4학년 4명, 초등학교 5학년 10명, 초등학교 6학년 3명, 학부모님 4명, 선생님 1명에게 모두(총25명) 똑같은 질문을 하였는데, 다음과 같은

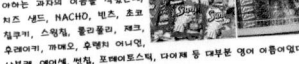

의견이 나왔다.
(1) 우리말과 글을 바르게 사용하고 있나요? ① 예, 3명 ② 아니요, 22명
(2) 우리말과 글을 파괴하는 가장 큰 이유는 무엇이라고 생각하나요?
  ① 외래어 또는 외국어 남용, 8명 ② 지나친 외국어 사용 2명
  ③ 잘못된 통신 용어 또는 외계어 10명 ④ 비속어나 은어 사용 4명
  ⑤ 기타, 1명 (아무런 생각 없이 하는 말들)
(3) 우리말과 글의 파괴가 여러분에게 어떤 영향을 준다고 생각하나요?
  ① 생각과 정서에 나쁜 영향을 준다, 20명
  ② 아무런 영향을 주지 않는다, 0명
  ③ 나쁜 기분이나 짜증을 열내는 데 좋다, 5명
  ④ 기타, 0명
(4) 초등학생과 부모님 모두 좋아하는 과자의 이름을 적었을때, 치즈 샌드, NACHO, 빈츠, 초코칩쿠키, 스윙칩, 롤라팝리, 쿠쉬, 후레쉬키, 까메오, 후레쉬 어니언, 샤브레, 에이셀, 썬칩, 포에버초코틱, 다이제 등 대부분 영어 이름였다.
(5) 주변에서 잘못 쓰는 우리말을 의미로 틀 떡볶이, 키(열쇠), 스푼(숟가락), 스케치북(그림공책), 다마네기(양파), 와르바리(나무젓가락), 미스카운트(어누리), 노트(공책), 뮤직(음악), 아돈(예술), 팸(구멍난다), 경매(안사하기), 바올(수정), 냉수(찬물) 등 주로 편의나 표현과 일본어였다.
(6) 아름답다고 생각하는 우리말은 주로 벗(친구), 가람(강), 머리내(은하수), 시나브로(천천히 조금씩), 미르(용), 아리랑(즐겁게 아늑하게), 다솜(사랑), 마루(하늘), 온누리(온세상), 나라(나날), 아침오름(아침오름이 나라와이), 꽃샘추위, 나비잠 등 많았다. 그중에 이 설문들은 초등학생들이 대답되도록 어른들이 여른들 여는 대였다. 학생들은 순우리말을 배운 적이 많은 것 같았다.
(7) 우리말과 글을 바로 살려 쓰기 위해서는 어떤 노력이 필요한가요, 질문에는 아무리 아름다운 우리말을 바로 적어 더불어 국어 나디 우리말을 배워 쓸 수 일일로면 좋겠다. 하지만 대부분의 대답은 외국어나 외계어를 쓰지 말고, 우리말을 바르고 정확하게 썼으면

의견이었다. 또 비속어나 은어를 쓰지 말자는 의견도 일었다.

6. 조사하면서 알게 된 점
(1) 우리말과 글이 파괴되는 가장 큰 이유는 잘못된 통신 용어나 외계어 사용이나 외래어 또는 외국어 남용이 간판과 간판에나 외래어 또는 외국어 남용이라고 생각한다. 그런데 잘못된 통신 용어나 외계어를 주로 초등학생이 사용하기 때문에 우리가 주의를 해야 할 것이다. 하지만 외래어 또는 외국어 남용이 간판에 주로 어른들이 만든다. 그러니깐 어른들에 어떤 성표나 간판에 잘 외않으면
(2) 우리말과 글이 파괴되면 우리의 생각과 정서에 나쁘다는 걸 알지만 사람들은 여전히 한글을 바르게 사용하지 않는다. 특히 초등학생이나 중학생들이 자주 쓰는데, 내가 아는 6학년 오빠이게 묻을 하는 이유를 물으면서, 나쁜 기분이나 짜증을 열내는데 좋기 때문이라고 한다. 하지만 내가 듣는 사람은 기분이 좋지 않았다.
(3) 친구들이 잘못된 통신용어나 외계어를 쓰는 까닭은 어른들은 알지 못하고 자신들만 알고 싶기 때문이라고 했다, 나도 가끔은 암호를 만들어 친구들과 비밀을 가지고 싶기 때문이라고 했다.
(4) 외국 사람들은 외국어나 외래어를 자주 쓰는 것는 걸까? 어머는 사람들이 푸푸 찾아 보이고 싶기 때문이라고, 우리 실생은 '파비'라면 좋은데, 글이라면 웃기그로 멀쩡하, 또 '스타일'이런 말이 보이는데, '멋시' 하면 없어 보이지만 멀쩡하, 내가 보기에는 하나도 안 웃기고, 없어 보이지도 않는 말이다.

7. 조사한 느낌
대상 조사하려고 할 때 어떻게 해야 하는지 몰랐는데, 엄마랑 논을 선생님이 많이 도와 주셔서 도움이 많이 되었다. 그리고 힘들고 어려웠지만 설문지 만들고 조사해 보고, 보고서를 정리하면서 우리말의 소중함을 많이 알게 되었다. 우리말과 글은 생각을 담는 그릇이라는데, 나는 지금까지 너무 생각없이 말하고 글을 쓴 것 같다. 앞으로는 우리말을 바로 쓰도록 노력해야겠다.

정답

여기서 잠깐!

8쪽 隱, 古, 乙

11쪽 ① 1443 ② 28 ③ 훈민정음

17쪽 28자

19쪽
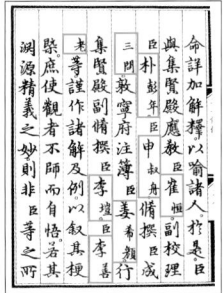

ㄹ • — • 挹 (뜰 읍)
ㅇ • — • 閭 (마을 려)
ㅎ • — • 虛 (빌 허)
ㅎ • — • 欲 (하고자 할 욕)
ㅅ • — • 成 (완성할 성)

20쪽 ·, ㅡ

25쪽 ① 牙 ② 舌 ③ 脣 ④ 齒 ⑤ 喉

29쪽 地

32쪽 ① ·, ㅡ, ㅗ, ㅛ, ㅜ, ㅠ ② ㅣ, ㅏ, ㅑ, ㅓ, ㅕ

35쪽

```
淵紫集命
源庶賢詳
精使殿加
義觀副釋
之者修以
妙不撰諭
則師及諸
非而例人
臣自以於
等悟叙是
之其其正
所梗綮音
```

43쪽 조선어학회 사건

돌발 퀴즈

6쪽 ① 기역 ② 어금닛소리

9쪽 ① 니은 ② 혓소리

11쪽 ① 디귿 ② ㄴ

16쪽 ① 리을 ② 훈몽자회

19쪽 ① 미음 ② 입술소리

21쪽 ① 비읍 ② ㅁ

22쪽 ① 시옷 ② 잇소리

25쪽 ① 이응 ② 목구멍소리

27쪽 ① 지읒 ② ㅅ

29쪽 ① 치읓 ② ㅅ

30쪽 ① 키읔 ② ㄱ

32쪽 ① 티읕 ② ㄷ

39쪽 ① 피읖 ② ㅁ

41쪽 ① 히읗 ② ㅇ

42쪽 ① 하늘 ② 동그랗게

44쪽 ① 땅 ② 옆

46쪽 ① 사람 ② 위아래

나는 훈민정음 박사!

❶ 다음 질문에 O 또는 X로 답하세요.

1. X 2. X 3. O 4. O 5. X 6. X 7. X 8. O 9. X 10. O

❷ 빈 칸을 채워 보세요.

세종대왕이 만들었던 자음은 모두 17자였어요. 17자 중 5자를 기본 자음이라고 하고, 기본 자음 5자에 획을 더해 나머지 자음을 만들었어요. 자음을 발음할 때 발음 기관 모습을 보고 어떤 자음을 만들었는지 빈 칸을 채워 보세요. 또 기본 자음에 획을 더해 만든 나머지 자음도 적어 보세요.

1. 어금닛소리 ㄱ, ㅋ, ㄲ
2. 혓소리 ㄴ, ㄷ, ㅌ
3. 입술소리 ㅁ, ㅂ, ㅃ
4. 잇소리 ㅅ, ㅈ, ㅊ
5. 목구멍소리 ㅇ, ㆆ, ㅎ

❸ 글자를 만들어 보세요.

아래 자음과 모음을 합하여 글자를 만들어 보세요. 11개의 자음과 모음으로 이렇게 많은 글자를 만들 수 있다니 정말 놀랍지요?

예) 가, 나, 노, 뚜, 삐, 치, 이, 오

이 밖에도 많은 글자들을 만들 수 있어요. 직접 만들어 보세요.

❹ 맞는 것끼리 줄긋기

훈민정음이 창제된 후 한글로 지어진 책이에요. 책 제목과 내용이 맞는 것끼리 줄로 연결해 보세요.

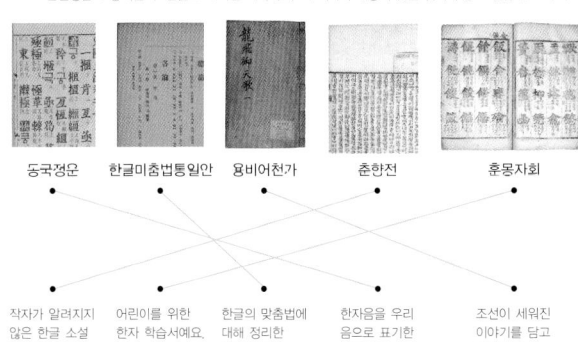

동국정운 · 한글맞춤법통일안 · 용비어천가 · 춘향전 · 훈몽자회

작자가 알려지지 않은 한글 소설이에요. · 어린이를 위한 한자 학습서예요. · 한글의 맞춤법에 대해 정리한 책이에요. · 한자음을 우리 음으로 표기한 책이에요. · 조선이 세워진 이야기를 담고 있어요.

초등학교 교과서와 관련된 학년별 현장 체험학습 추천 장소

1학년 1학기 (21곳)	1학년 2학기 (18곳)	2학년 1학기 (21곳)	2학년 2학기 (25곳)	3학년 1학기 (31곳)	3학년 2학기 (37곳)
철도박물관	농촌 체험	소방서와 경찰서	소방서와 경찰서	경희대자연사박물관	IT월드(과천정보나라)
소방서와 경찰서	광릉	서울대공원 동물원	서울대공원 동물원	광릉수목원	강원도
시민안전체험관	홍릉 산림과학관	농촌 체험	강릉단오제	국립민속박물관	경희대자연사박물관
천마산	소방서와 경찰서	천마산	천마산	국립서울과학관	광릉수목원
서울대공원 동물원	월드컵공원	남산골 한옥마을	월드컵공원	국립중앙박물관	국립경주박물관
농촌 체험	시민안전체험관	한국민속촌	남산골 한옥마을	기상청	국립고궁박물관
코엑스 아쿠아리움	서울대공원 동물원	국립서울과학관	한국민속촌	서대문자연사박물관	국립국악박물관
선유도공원	우포늪	서울숲	농촌 체험	선유도공원	국립부여박물관
양재천	철새	갯벌	서울숲	시장 체험	국립서울과학관
한강	코엑스 아쿠아리움	양재천	양재천	신문박물관	남산
에버랜드	짚풀생활사박물관	동굴	선유도공원	경상북도	남산골 한옥마을
서울숲	국악박물관	고성 공룡박물관	불국사와 석굴암	양재천	롯데월드민속박물관
갯벌	천문대	코엑스 아쿠아리움	국립중앙박물관	경기도	국립민속박물관
고성 공룡박물관	자연생태박물관	옹기민속박물관	국립민속박물관	이화여대자연사박물관	삼성어린이박물관
서대문자연사박물관	세종문화회관	기상청	전쟁기념관	전쟁기념관	서대문자연사박물관
옹기민속박물관	예술의 전당	시장 체험	판소리	천마산	선유도공원
어린이 교통공원	어린이대공원	에버랜드	DMZ	한강	소방서와 경찰서
어린이 도서관	서울놀이마당	경복궁	시장 체험	화폐금융박물관	시민안전체험관
서울대공원		강릉단오제	광릉	호림박물관	경상북도
남산자연공원		몽촌역사관	홍릉 산림과학관	홍릉 산림과학관	월드컵공원
삼성어린이박물관		국립현대미술관	국립현충원	우포늪	육군사관학교
			국립4·19묘지	소나무 극장	해군사관학교
			지구촌민속박물관	예지원	공군사관학교
			우정박물관	자운서원	철도박물관
			한국통신박물관	서울타워	이화여대자연사박물관
				국립중앙과학관	제주도
				엑스포과학공원	천마산
				올림픽공원	천문대
				전라남도	태백석탄박물관
				경상남도	판소리박물관
				허준박물관	한국민속촌
					임진각
					오두산 통일전망대
					한국천문연구원
					종이미술박물관
					짚풀생활사박물관
					토탈야외미술관

4학년 1학기 (34곳)	4학년 2학기 (56곳)	5학년 1학기 (35곳)	5학년 2학기 (51곳)	6학년 1학기 (36곳)	6학년 2학기 (39곳)
강화도	IT월드 (과천정보나라)	갯벌	IT월드 (과천정보나라)	경기도박물관	IT월드 (과천정보나라)
갯벌	강화도	광릉수목원	강원도	경복궁	KBS 방송국
경희대자연사박물관	경기도박물관	국립민속박물관	경기도박물관	덕수궁과 정동	경기도박물관
광릉수목원	경복궁 / 경상북도	국립중앙박물관	경복궁	경상북도	경복궁
국립서울과학관	경주역사유적지구	기상청	덕수궁과 정동	고성 공룡박물관	경희대자연사박물관
기상청	경희대자연사박물관	남산골 한옥마을	경상북도	국립민속박물관	광릉수목원
농촌 체험	고창, 화순, 강화 고인돌유적	농업박물관	경희대자연사박물관	국립서울과학관	국립민속박물관
서대문자연사박물관	전라북도	농촌 체험	고인쇄박물관	국립중앙박물관	국립중앙박물관
서대문형무소역사관	고성공룡박물관	서울국립과학관	충청도	농업박물관	국회의사당
서울역사박물관	충청도	서울대공원 동물원	광릉수목원	롯데월드민속박물관	기상청
소방서와 경찰서	국립경주박물관	서울숲	국립공주박물관	몽촌토성과 풍납토성	남산
수원화성	국립민속박물관	서울시청	국립경주박물관	민주화현장	남산골 한옥마을
시장 체험	국립부여박물관	서울역사박물관	국립고궁박물관	백범기념관	대법원
경상북도	국립서울과학관	시민안전체험관	국립민속박물관	서대문자연사박물관	대학로
양재천	국립중앙박물관	경상북도	국립서울과학관	서대문형무소 역사관	민주화현장
옹기민속박물관	국립국악박물관 / 남산	양재천	국립중앙박물관	서울역사박물관	백범기념관
월드컵공원	남산골 한옥마을	강원도	남산골 한옥마을	조선의 왕릉	아인스월드
철도박물관	농업박물관 / 대법원	월드컵공원	농업박물관	성균관	서대문자연사박물관
이화여대자연사박물관	대학로	유명산	롯데월드민속박물관	시민안전체험관	국립서울과학관
천마산	롯데월드민속박물관	제주도	충청도	경상북도	서울숲
천문대	몽촌토성과 풍납토성	짚풀생활사박물관	서대문자연사박물관	암사동 선사주거지	신문박물관
철새	불국사와 석굴암	천마산	성균관	운현궁과 인사동	양재천
홍릉 산림과학관	서대문자연사박물관	한강	세종대왕기념관	전쟁기념관	월드컵공원
화폐금융박물관	서울대공원 동물원	한국민속촌	수원화성	천문대	육군사관학교
선유도공원	서울숲	호림박물관	시민안전체험관	철새	이화여대자연사박물관
독립공원	서울역사박물관	홍릉 산림과학관	시장 체험 / 신문박물관	청계천	중남미박물관
탑골공원	조선의 왕릉	하회마을	경기도	짚풀생활사박물관	짚풀생활사박물관
신문박물관	세종대왕기념관	대법원	강원도	태백석탄박물관	창덕궁
서울시의회	수원화성	김치박물관	경상북도	해인사 고려대장경과 장경판전	천문대
선거관리위원회	승정원 일기 / 양재천	난지하수처리사업소	옹기민속박물관	호림박물관	우포늪
소양댐	옹기민속박물관	농촌, 어촌, 산촌 마을	운현궁과 인사동	유니세프 한국위원회	판소리박물관
서남하수처리사업소	월드컵공원	들꽃수목원	육군사관학교	무령왕릉	한강
중랑구재활용센터	육군사관학교	정보나라	이화여대자연사박물관	현충사	홍릉 산림과학관
중랑하수처리사업소	철도박물관	드림랜드	전라북도	덕포진교육박물관	화폐금융박물관
	이화여대자연사박물관	국립극장	전쟁박물관	서울대학교 의학박물관	훈민정음
	조선왕조실록 / 종묘		창경궁 / 천마산	상수허브랜드	상수도연구소
	종묘제례		천문대		한국자원공사
	창경궁 / 창덕궁		태백석탄박물관		동대문소방서
	천문대 / 청계천		한강		중앙119구조대
	태백석탄박물관		한국민속촌		
	판소리 / 한강		해인사 고려대장경과 장경판전		
	한국민속촌		화폐금융박물관		
	해인사 고려대장경과 장경판전		중남미문화원		
	호림박물관		첨성대		
	화폐금융박물관		절두산순교유적지		
	훈민정음		천도교 중앙대교장		
	온양민속박물관		한국에너지기술연구원		
	아인스월드		한국자수박물관		
			초전섬유퀼트박물관		